天津记忆文库第一种

王振良◎主编

大风和天风报

福星李维君题

王新烨 著

天津社会科学院
出版社

图书在版编目（CIP）数据

沙大风和《天风报》 / 王新烨著. -- 天津 : 天津
社会科学院出版社，2021.3（2023.1 重印）
（天津记忆文库 / 王振良主编）
ISBN 978-7-5563-0720-3

Ⅰ. ①沙… Ⅱ. ①王… Ⅲ. ①沙大风—生平事迹②报
刊—史料—天津—民国 Ⅳ. ①K825.42②G219.296

中国版本图书馆 CIP 数据核字（2021）第 064617 号

沙大风和《天风报》
SHA DAFENG HE 《TIANFENG BAO》

————————————————————————————————

出版发行：天津社会科学院出版社
地　　址：天津市南开区迎水道 7 号
邮　　编：300191
电话/传真：（022）23360165（总编室）
　　　　　　　（022）23075303（发行科）
网　　址：www.tass-tj.org.cn
印　　刷：北京建宏印刷有限公司

————————————————————————————————

开　　本：880×1230　毫米　　1/32
印　　张：7.75
字　　数：175 千字
版　　次：2021 年 3 月第 1 版　2023 年 1 月第 2 次印刷
定　　价：59.00 元

————————————————————————————————

两个"会计"的历史遇合

——王新烨《沙大风和〈天风报〉》序言

王振良

　　沙大风是民国时期天津的著名报人。1973 年 11 月 11 日,他走完 74 年的跌宕人生,在杭州寓所悄然离世。有如一片飘零的落叶,沙大风随之化作了埃尘,隐入了历史。将近半个世纪之后,王新烨同学的硕士学位论文,即将以《沙大风和〈天风报〉》名目出版,让隐入历史深处的沙大风又重回世间。作为王新烨的指导教师,我也愿意说上几句话。

　　王新烨从事沙大风研究,既有偶然,也有必然。2018 年 4 月,我自今晚报社调至天津师范大学,在新闻传播学院担任教职。同年,王新烨成为我指导的首位研究生。虽然名义上是说师生互选,但实质上导师属于被动的,基本仍是学生来选导师。记得"互选"之后,师生初次见面闲谈,话题频繁地转换,试图增进相互了解。

当我听说她毕业于天津商业大学,本科所读是会计学专业时,第一感觉就是有些头疼——专业跨度太大了,仅有两年的专业硕士学习,如何完成毕业论文?当然头疼归头疼,既然师生关系已经确立,就必须面对现实。我飞速转动着大脑,迅即考虑了以下几个问题:

第一,王新烨攻读的是专业硕士学位,但她缺乏真正的新闻实践。而我接触过的专硕论文,则多是缺乏实践的所谓研究,大体属于雾里观花乃至隔靴搔痒,根本说不到点子上,即或偶尔说到点子上,却又多数流于肤浅。故对新闻从业者来说,这种论文并无多大参考价值或指导意义。既然殊乏价值或意义,那所为其实就属于无用功。而与其顺从流俗做无用功,不如搞点可能"有用"的学问。

第二,既然专业的实践研究弊端明显,就只能搞新闻理论或新闻史。而新闻理论于我也是陌生的,不利于对学生进行指导,剩下的可就只有新闻史了。我长期从事新闻采编业务,尤其是编过五六年的报纸副刊,对新闻史特别是副刊史很有兴趣。另外我还涉足过通俗小说研究,对连载它们的民国天津报刊也算熟悉。新闻史研究显然处于新闻学和历史学的交叉地带,其实质就是把新闻研究转化成了我相对擅长的文史研究。

第三,专业硕士在校时间只有两年,从选定导师到毕业答辩,满打满算才18个月,因此从基础开始培养有些来不及,只能直接进入论文写作程序,边学习研究方法,边搜集研究资料,边夯实研究基础。还有,王新烨的专业跨度较大,期待理论或宏观突破也有难度,故最好选个微观的点,进行以文献为主的基础性研究,只要是肯用功夫,就能顺利完成论文,通过答辩应不成问题。而这种点的研究,积累多了之后,可为新闻史撰写奠定坚实基础。

考虑到以上几点，我又征求了王新烨的意见，当天就"指定"了论文选题，就是关于沙大风和《天风报》（包括接续出版的《天风画报》和《新天津画报》，为行文方便我们统称为"天风三报"）之研究。基于那时对沙大风的了解，我的想法大致如下：一是沙大风虽无法跻身一流报人行列，但他的《天风报》介入戏剧艺术和通俗小说较深，办得既有特色又有影响，研究价值是存在的；二是关于沙大风和《天风报》几无专业探讨，即使基本的生平考证、文献梳理和内容介绍，也可以算是推陈出新，作为硕士论文选题相对易于操作；三是我对戏剧艺术和通俗小说都有一定程度了解，指导写作或许能够轻车熟路。选题谈好之后，我陆续给王新烨开列出数批阅读书单：关于文献学基础的，关于天津新闻史的，关于小报研究的，关于戏曲艺术的，关于通俗文学的，此外还有作为基础文献的《天风报》等。我叮嘱王新烨边研读各类文献，边做好基础性工作——梳理《天风报》内容并分类，辑录沙大风作品并编制著述索引，撰写沙氏生平活动年表等。

王新烨读书比我预想中要用功得多，她的沙大风研究逐渐地进入状态，越来越感知到学术的趣味——一篇新材料的发现，一个小问题的考据，乃至一个新线索的追寻，都能让她乐在其中。我们两三周见一次面，谈学术方法和文献检索，谈资料搜集和后期整理，谈读书进度和心得体会，也谈瓶颈问题和解决方法等。王新烨的论文写作在不知不觉中启动，到 2019 年 7 月开题时已初具规模，原本毫无端绪的沙大风生平行事也逐渐清晰。因为马上就要放暑假，我给王新烨布置了一项任务，到沙大风祖籍镇海进行田野调查。当时的唯一线索是镇海文史研究者俞亦平先生——他在《今日镇海》发过一篇文章，题目是《一对表兄弟 南北两报人》，文中谈及了沙大风父子。这次调查因为可追寻的线索太少,故我并未生出过多的期待,只是希望通过此类实践,她能够掌握基本的田野方法。王新烨是幸运的,随着调查的有序展开,她一步步顺藤摸瓜,收获远远超过预期:找到了镇海沙氏祖屋遗址,找到了沙大风上海旧居,找到了沙大风工作的杭州华丰造纸厂,找到了沙大风杭州旧居遗址;找到了沙氏祖屋照片,找到了沙大风之子谈父亲的书信,找到了沙大风手写的生平履历表,找到了沙氏的家族世系谱;找到了沙大风的侄女沙萍,找到了沙大风的孙子沙济工,找到了沙大风当年的同事,特别是找到了负责沙氏"外调"的老先生……田野过程中存在的可能性突破,竟然全部落到她的身上。

王新烨后来告诉我说,在整个论文写作过程中,她一直进行得不疾不徐,从未有过明显的压力。这点让我感到很是欣慰。我也完全没有想到,关于沙大风的论文连同附录,不知不觉中十足字数竟过了11万,已经明显是著作的规模。恰好去年天津社会科学院出版社与我协商,计划出版津沽历史文化丛书《天津记忆文库》,于是我推荐了王新烨的这部论文。全书的优点非常明显,这主要体现在以下几个方面:

首先,填补了天津新闻史和中国小报史研究的空白。近代小报之研究,近年渐成中国新闻史研究的热点。天津作为晚清民国的新闻出版重镇,小报之发展历程也独具特色,但此前尚无人涉足天津小报的专题探讨。王新烨选择《天风报》作为学术个案,对其创刊背景、编印发行、编辑人员、栏目设置、内容风格等予以考证分析,进而管窥民国天津小报的社会价值和历史价值。这种关注和管窥,显然具有拓荒的性质。

第二,厘清了沙大风的家世生平和办报经历。既往涉及沙大风的介绍,基本局限在创办《天风报》一事,而且说法抵牾龃龉,过程模糊不清。沙大风生平更是缺头短尾,早年家世和晚年下落均属谜团。王新烨通过文献爬梳和田野调查,编制了内容丰富的沙大风年表,不仅搞清了准确生卒日期,对于沙氏的工作变换和文事活动,也都给出了确凿的时间定位。同时,她还对《天风报》相继改刊为《天风画报》《新天津画报》的过程和动因进行了考察分析。

第三,确立了沙大风在京剧史上的地位。沙大风办报生涯有两大贡献:在通俗文学领域,发现并培养了武侠小说大师还珠楼主和言情小说大师刘云若;在戏剧艺术领域,首倡的"冬皇"和"四大名旦"之说影响深远。前者之研究相对深入,后者之研究则长期处在人云亦云状态。王新烨通过挖掘原始资料,以精准的文字坐实了"冬皇"和"四大名旦"之说的来龙去脉,使京剧史上的两个重要问题基本解决。她还辑录出百余篇沙氏剧评,藉此研讨了其戏剧思想。

第四,明晰了天津城市文化的崇文特性。天津城市肇源于军卫,勃兴于漕运,民风尚武,素以"码头"或"圈子"著称。沙大风在经营报纸过程中,设置了国内新闻、本市新闻以及小说、杂记、文艺、游艺等版面,内容形式新颖活泼,赢得天津各界尤其是市民阶层的喜爱。王新烨通过对《天风报》版面内容社会性、文学性、艺术性、娱乐性的分析,探讨天津城市文化的市民性特征,同时更是观照了其崇文底蕴,并以此为参照系呈现了一个文武并立、雅俗交融的天津。

最后,还需着重提及的一点就是,王新烨研究沙大风和《天风报》,对落笔的对象并非总是无条件地揄扬。譬如天津城市沦陷后期,出于报纸生存的需要,《新天津画报》的政治立场和民族立场明显偏于模糊,王新烨虽然给予了理解之同情,但仍就对此进行了严厉批判。还有,沙大风为人"豪爽意直",经常性地"危言议事",以致执笔文章时"得意忘形",为此不止一次惹上官司。这些秉笔直书,应该说都是真正的客观的学术态度。

《沙大风和〈天风报〉》固有裨于学林,解决了沙大风家世生平和《天风报》创办过程中的诸多问题,然平心而论其缺陷也非常明显。一是学术高度和学术深度的开掘尚有欠缺。此书虽然弥补了新闻史、小报史研究的既有不足,但相关阅读的缺失仍限制了眼界,这让王新烨无法真正站在"史"的高处,来纵横挥洒手中的笔墨,给沙大风和《天风报》以历史性的定位。对沙氏戏剧思想的探讨,则因戏剧知识储备不足,于戏剧史也较陌生,所言就显得略微肤浅,留下了较大的开掘空间。二是问题发现和解决的意识偏于薄弱。在沙大风办报前后,发生了诸多有意义或有意味的事件,如"白社"问题、"冬皇"问题、"四大名旦"问题等,都是京剧史上的重要篇章。此书虽然解决了部分根本性问题,但全局意识和归纳能力偏弱,对这些问题均未深入辨析。有关"冬皇"封号的前因后果,甚至都没能集中论述。这让此书失去了本来应有的精彩。三是文献梳理和辨析考证的能力也嫌不足。此书原始资料丰赡的优长,并没有充分彻底发挥出来。如果打个比方,就是有着上好的原材料,却未能烹制出一桌色香味兼具的大席。譬如书中根据沙母乐太夫人讣告,深入辨析其中的蛛丝马迹,解决了沙大风兄弟排行等问题。可惜行文之间,仅是简单直接地缕述了考察的结果,对于精彩的解读和辨析过程,未能予以精细展示。这就是民间俗说的"把肉埋在了饭里"。以上这些问题的存在,固然是受限于时间之紧迫,但归根结底仍是学养不足所致。好在基础文献发掘的扎实和整理的精细，一定程度上弥补了论述方面的缺陷。

学问之道贵有新。王新烨通过文献的发现、梳理与辨析、研究，使得在新闻史上仅留下模糊面影的沙大风变得清晰而完整，也使得我们有机会重新检讨沙氏本人及《天风报》的历史地位和社会作用。

学问之道贵有用。王新烨的沙大风研究在社会上已开始发酵，镇海的宁波帮博物馆、杭州的华丰记忆屋，都有根据此书补充完善关于沙大风内容的计划。我们经常强调学以致用，这也算是一个学术服务社会的例子。

学问之道贵有趣。王新烨的偶然选择，让沙大风走出了尘封的故纸堆，在这种意义上说，沙大风遇到王新烨是一种历史的幸运；而从会计学专业华丽转身的王新烨，邂逅了也是会计科班出身的前辈沙大风，同样也是一种历史的幸运。两人之间的历史转圜与遇合，或许也是趣味的一种吧！

《沙大风和〈天风报〉》的写作与修订，前后刚好是一年半。在这段时间里，王新烨经过一系列的学术训练，已从毫无专业背景的青涩学生，成长为具有初步研究基础的青年学人。这个成长过程应该说是非常快速的，体现了她接受新鲜事物的能力和从事学术研究的潜质。王新烨作为学术新人，治学态度和探索精神都值得肯定，而这部并不十分完善的小书，必将成为她在今后学术道路上开枝散叶的基石！

辛丑元月初二定稿于沽上饱蠹斋

附记：王新烨著《沙大风和〈天风报〉》，作为《天津记忆文库》第一种，就要正式交付印刷了。对于主编图书上百的我来说，多一本少一本已经无感,但此书之问世却有着多重意义,因此在此啰唆几句。一是天津师范大学地方文献研究中心即将挂牌,作为其主要推动者之一,把中心作为《天津记忆文库》策划单位,其实质是一种产学研合作,堪作中心启幕的特别纪念。二是我与张元卿兄开创的"天津记忆"品牌,先是用于《天津记忆》内部资料,后移植于《今晚经济周报》周刊版面,再后纳入《问津文库》充作"子丛书",这次终于脱胎换骨成为独立丛书,其间甘苦和曲折自不待言。三是王新烨乃我指导的第一位硕士生,开门弟子的论文能够公开出版,尽管不少地方还显得稚嫩,但作为导师仍感到荣光。四是《天津记忆文库》探索实验了异于旧途的出版模式,如若达成合作共赢的设计初衷,或许会走出一条学术出版的新路。最后,感谢天津师范大学图书馆接励书记和古籍保护研究院姚伯岳教授,他们的倾力支持为地方文献研究中心的未来发展铺平了道路;感谢天津社会科学院出版社高潮社长和韩鹏副社长,他们为文库的新创付出了编校心血,提供了出版机遇,这对学术来说尤为幸事!

壬寅九月廿八霜降之日补识于沽上乱云室

目 录

绪 论

沙大风,本名沙厚烈,笔名沙游天、探、再探、缺德等,他是近代天津新闻事业史上的一位重要报人,在他身上体现了比较特殊的民国报人形象。沙大风与当时社会的方方面面都有交流,他既是报馆的社长,又是编辑、记者及主笔,还在戏剧界有一定的影响,是津门"新闻界伶人"的代表人物,是一位既能亲自撰写文章,又能管理报馆的理论兼具实践的复合型报人。沙大风提出的"四大名旦",包装推出的还珠楼主(李寿民)和刘云若,在中国近代艺术史和文学史上都产生了广泛而深远的影响。面对这些相继挖掘显现出来的成就,必须要从他的人生经历和思想理念的角度来探索深层次原因。

本书对沙大风本人的生平进行了深入挖掘和研究,至少有以下四点贡献:第一,通过查找资料、田野调查等方式,弄清了沙氏的生平,具体到日期:沙大风出生于 1900 年农历一月二十八日,卒于 1973 年 11 月 11 日。第二,通过调研和走访,发现了沙大风的家族世系、工作档案等原始资料。第三,联系到沙大风的后人,见到了他的孙子、侄女等亲属,并在其曾经工作过的杭州华丰造纸厂采集到他生前的口碑资料。第四,首次复原了沙大风离开天津后的人生经历。本人结合文献和调研资料,梳理并编制了沙大风年表,挖掘出他丰富的文艺作品,总结出他的办报思想,使其形象更加丰满和立体。

沙大风作为社长及经理人,于1930年2月20日创办《天风报》。从创刊至1938年,前期的《天风报》是一份以"黑旋风"副刊为主导的综合性文艺小报,是天津比较有代表性的民国小报之一,不但拥有小报包罗万象、娱乐休闲的特点,也有自己独到的办报宗旨和坚定的立场。1938年9月,《天风报》改名为《天风画报》,后又于1939年4月改名为《新天津画报》,报纸依然延续着沙大风的办报理念。在沙大风看来,这三份报纸本来就是同一份《天风报》,因此以这三份报纸做分析,才是对其报人生涯的一个完整研究。本书通过对《天风报》《天风画报》《新天津画报》三份报刊的文本分析,结合其他有效资料,将其特点和结构明晰化,比较全面地呈现了一个报人十四年的办报生涯,梳理清楚了报纸与报人之间的关系,发挥出"第一手资料"的优势,力求用真实的资料来反映历史。本研究不仅有助于填补学术上的空白,向众人介绍这样一份不被人重点关注的报纸,也展示了一个栩栩如生的民国时期的天津。

一、选题背景及意义

报刊曾被称作"新闻纸",它是开阔民众视野、增加人民智识的重要工具,也是表达作者心声、发表社会舆论的喉舌利器。作为近代中国社会最主要的传播媒介之一,报刊从诸多方面折射出所处时代的政治制度、经济发展程度、社会文化及社会民众生活状况,是近现代史学研究中珍贵的资料之一。随着中国近代史的推进，南方如香港、广州、厦门、上海等地的报刊业蓬勃发展，北方如北京、天津等地的报刊业也迅速崛起。近代中国的报刊业兴起于19世纪中叶，宗教类、商业类、政党类等各种报纸办得风生水起，逐渐呈现繁荣之态。民国建立后，政府实施新闻自由政策，报刊业得以进一步蓬勃发展，经过袁世凯时期的短暂倒退，五四运动后中国报刊业又迎来新的生机：民营报纸快速成长，呈现百花齐放的态势，不仅出现了很多有影响力的专业报刊，而且一些涉及民生、娱乐、休闲的小报、副刊也迅速崛起，如《申报》的"自由谈"《大公报》的"文艺"等副刊都很有知名度。

　　天津是北京的门户，是北方的重要交通枢纽，也是近现代中国新闻事业发展的重镇。天津的报刊种类齐全，在中国新闻史上，著名的天津报纸有《国闻报》《大公报》《益世报》《新民意报》《北洋画报》等。天津报刊按性质分，有党报、官报、商报等，比较出名的如《出路》《北洋官报》《天津商报》；按发行时间分有早报、晨报、晓报、午报、晚报、夜报等，如《天津早报》《白话晨报》《新天津晓报》《天津午报》《华北晚报》；按形式等分有白话报、画报等，比如《大公报》附出的《敝帚千金》、温世霖等创办的《醒俗画报》；按读者群体分，有学生报刊如《天津学生联合会报》，社会主义青年团报刊如《劳报》，工人报刊如《工人小报》，妇女报刊如《妇女日报》。各类报纸一应俱有。天津还是报刊活动家的云集之地，严复、英敛之、胡政之、张季鸾、王芸生等著名报人，都曾在这里开展新闻传播活动。天津的报刊与报人对当时的天津及全国政治、经济、社会、文化的发展做出了重大贡献，产生了极其深远的影响。

　　沙大风正是在天津的报刊媒体发展环境中成长起来的。他是近代天津新闻事业史上的一位重要报人,将自己的一生致力于办报和写作这两件事上。沙大风的报人生涯开始于 1928 年 2 月 29日,他在《北洋画报》创办"戏剧专刊",后任《天津商报》"游艺场"主编。1930 年 2 月 20 日,得到资助后沙大风创办了《天风报》,这份报纸后来两次更名,分别为《天风画报》《新天津画报》。在沙大风的报人生涯中,创办并经营"天风三报"(包括《天风报》《天风画报》《新天津画报》)是他人生中最主要的报刊实践活动。

《天风报》颇具历史参考价值,创刊于 1930 年 2 月 20 日。1930 年至 1938 年的《天风报》也是 20 世纪 30 年代天津影响较大的小报之一,主要登载国内要闻、本市新闻、小说、杂记、文艺、游艺等,内容多样,形式新颖,文风活泼,深得社会各阶层喜爱。社址初创于日租界福岛街,后来经过几次位置上的变动。《天风报》于1938 年 9 月 5 日改名为《天风画报》,后又于 1939 年 4 月 1 日改名为《新天津画报》。虽然后两份报纸的名称改变为画报,但在沙大风的眼中,这是同一份报纸,是《天风报》的延续。在现代研究者的研究中,因《天风报》比较有名气,故此常将沙大风所办的这三份报纸笼统称为《天风报》。《天风报》的副刊"黑旋风"在天津通俗文学发展史上占有重要的地位,先后发掘出刘云若和还珠楼主两位知名通俗小说家,即使是八十多年后的今天,提到北派通俗小说,《天风报》依然是研究者们使用的高频词之一。此外,创办人沙大风十分热爱中国传统戏曲艺术,经常利用报纸媒介进行评剧捧角,常在报纸上撰写戏曲评论,表达自己的戏曲思想,孟小冬的"冬皇"称号、戏剧界的"四大名旦"封号等均始于其笔下。而目前学界对该报的研究较为匮乏,绝大多数只停留在简单介绍层面,因此对《天风报》进行专门和全面的研究是迫切的,也是十分有必要的。

综上所述,沙大风的大半生都与报纸息息相关,在办报过程中,他拿笔当利器,为民发声、提倡文化艺术、宣传美德教育、坚持舆论监督、弘扬爱国真理,在启迪明智、传播慈念、伸张公理、传递精神方面做出了极大的贡献,这在当时乱象众生、环境险恶的国情之下,是需要一股勇气和一定胆识的,这样的人物不但在天津,就是在全国,也是令人称道的。因此对报人沙大风及其报刊实践的研究,不仅是对沙大风个人的探究,也是对天津小报的发展、对中国戏剧文化发展、对民国北派通俗小说进行研究的重要参考,还是审视天津地方史发展过程中,民国报人和报纸的历史作用及历史地位的重要依据。

本书主要通过对报人沙大风的生平事迹、文艺创作及办报实践的详细研究,以期了解沙大风本人和其创办的《天风报》对于天津近代报业的历史贡献,以及民国时期天津民间报人及报刊的生存状况和发展水平,进而审视近代天津的社会文化发展历程。本书对丰富近代天津新闻史、小报史、中国戏剧史、民国通俗小说研究具有重要参考价值,以大量报纸原始文献为依据,从而达到以史鉴今、以史明智的目的。

根据目前的资料及文献,虽然常有文章提到沙大风和《天风报》,但目前还没有一本专门研究沙大风和《天风报》的学术著作以及单篇学术论文,笔者结合已有文献中对沙大风及其成就和贡献的片段描述,通过翻阅《大公报》《北洋画报》《天风报》《天风画报》《新天津画报》等大量一手资料,对沙大风的生平和办报理念进行了细致梳理,对《天风报》进行较为详细和全面的研究,从而肯定沙大风和《天风报》的历史与文化价值,也对沙大风作出历史评价,指出该报的历史局限。本书范畴涉及新闻史学研究、报刊研究和报人研究。

二、文献综述与研究现状

首先,纵观学界对报人沙大风及《天风报》的研究,无论是著作还是期刊论文,对该人物与这份报纸的研究均处于浅层分析阶段,大多集中在该报的创办或沙大风的简单介绍,没有深入探究报纸与报人之间的内在联系。研读这些文章可以得出,沙大风和《天风报》只是作为他们研究中辅助其研究主体的小切口,不占主要篇幅,在强调《天风报》在天津近代报刊发展史或民国通俗小说发展史上的重要地位时,也不做具体阐释和分析。其次,在这些研究中一些文章虽然将部分重点放在沙大风或者《天风报》上,但内容过于通俗浅显,同时兼顾二者的研究更是没有。因此,这一选题是有必要、有意义的。笔者通过知网、万方、维普网等学术网站,对"沙大风""《天风报》""沙游天""沙厚烈"等关键词分别进行主题搜索,均为零篇,但经过全文搜索并进行筛选后,搜索结果如下:

关键词搜索	沙大风	《天风报》	沙游天	沙厚烈
篇数(篇)	14	4	6	0

对这 24 篇论文献进行筛选后发现有 6 篇论文是重合的,对剩下的 18 篇论文进行分类梳理,可分为以下三类:

1. 关于沙大风的研究

提到沙大风本人的文献也分为两类。

第一类是沙大风在戏剧界的地位或与伶人间的故事。比如沈苇窗的《一代奇女子"冬皇"之由来》中,作者沈苇窗与沙大风相识于戏剧界"今雨集"的同好聚餐会上,文中简单介绍了沙大风与孟小冬之间的故事,包括"冬皇"这个称号的来历。王熙章的《京剧余派同门弟子李少春与孟小冬》《余叔岩两大弟子:李少春、孟小冬的不同人生》这两篇文章描写了沙大风与孟小冬的交往。李琛茜的《〈小留香馆日记〉研究》中提到荀慧生得以结识李寿民,是源于"白党之一的沙大风"介绍。而王兴昀《报刊媒体对京剧女艺人的呈现以民国时期京津为中心的考察》中认为艺人的走红关键在于有没有人力捧,有没有造成口耳相传的巨大声势,而沙游天就是其中的"捧角家"。

第二类是沙大风与民国北派通俗小说和小说家。徐斯年《〈品报〉的"北派"研究》中,将沙大风列为北派通俗小说界的名士和报人之一,认为其本人"如同其所办副刊'黑旋风'一样,为人既有'黑粗'的一面,又有名士式的怜香惜玉的一面"。王宗辉的文章《武侠小说之作者名世悖论研究——以还珠楼主、宫白羽、金庸等人为例》在论文的第18至19页描述了《天风报》与还珠楼主所写的《蜀山剑侠传》之间的机缘巧合。张偲的《论报人生活对刘云若小说创作的影响》中,用寥寥数百字记录了《天风报》与刘云若的小说《春风回梦记》相得益彰的关系。倪斯霆的《一部小说引发的一场妇女命运大讨论——刘云若与他的〈旧巷斜阳〉》中提到了沙大风,这篇文章主要是写刘云若和《旧巷斜阳》的创作背景。韩云波的《还珠楼主武侠小说序跋研究》中阐述了《天风报》与还珠楼主是如何对其《蜀山剑侠传》进行宣传推广的。张元卿的《刘云若传略》第二部分"沽上名编辑"提到沙大风邀请刘云若做编辑。陈志勇的《荀慧生与1930年代京剧"四大名旦"的评选——以〈戏剧月刊〉〈申报〉等民国报刊为中心》中提到《白牡丹(留香集)》是沙游天编辑的,沙大风也是"北京捧荀慧生的'白党'中人"。颜全毅的《陈墨香京剧创作叙论》只是在注释中引用了沙大风编辑的《白牡丹（留香集）》。

2. 关于《天风报》的研究

学界对于《天风报》的研究集中在将这份报纸放在大视角下研究，将其作为天津报界、北派通俗小说界的一个小分支进行简单描述，通常不作为整篇研究的重点内容。这些研究有：孔芙蓉的《天津日租界报刊文化侵略本质研究》，将《天风报》作为天津日租界的一份主要报纸，对其进行基本的信息阐述；白帆的《民国北派通俗小说现代性转型论》中将《天风报》视为北派通俗小说发展的重要阵地及天津小报的代表；李云科《天津日租界报刊研究》的"日租界报刊大致情况统计表"中记录了《天风报》的基本信息，又按内容将其与《庸言》报纸一起作为天津日租界的综合性报刊的代表，还称综合类报纸中《天风报》"影响最大"；张元卿《刘云若传略》第二部分"沽上名编辑"和第三部分"天风 春风"阐述了《天风报》对刘云若的《春风回梦记》如何进行连载；罗尉宣《关于现代通俗小说家刘云若》也涉及了刘云若的小说在《天风报》上连载的情况。周大雯的《北洋画报戏曲资料研究》和李文健的《略论近代天津报纸副刊的发展轨迹和编辑特色（1895—1937）》也提到了《天风报》和《天风报》的副刊"黑旋风"。

综上所述，可以看到现有的文献中大部分是以戏剧界、通俗小说界的视角，研究沙大风的一些行迹和轶事，或简单提到《天风报》，大部分文章对二者都是寥寥数笔带过，有些文章虽然有所深入，但作者并没有发表自己的观点，只是作为客观事实进行简单罗列，更没有一篇学术论文是系统性、专门性介绍沙大风及《天风报》的。

3. 关于民国时期小报的研究

目前学界对小报的研究还比较匮乏，相关博硕论文只有7篇，对天津地区小报的系统研究还没有。这7篇学术论文多站在小报与地区市民文化，或小报的文学性研究方面，比如梁晨的《晚清民国时期上海小报辞赋研究》，李国平的《上海市民的精神"大世界"——民国小报巨擘〈晶报〉研究》，洪煜的《近代上海小报与市民文化研究（1897—1937）》，李楠的《晚清、民国时期上海小报研究——一种综合的文化、文学考察》，张曦月的《〈飞报〉研究》这5篇论文，以上海地区的小报为主要研究对象；顾迎新的《清末民初北京小报小说研究》以北京小报为中心展开论述，孟兆臣的《十九世纪末至二十世纪上半叶海上洋场小说研究》，在"下编"中提到小报的起源、内容和经营之道。除此以外，还有2本书籍是系统研究小报的资料，一本为孟兆臣的《中国近代小报史》，另一本为沈史明的《小型报纸的基本知识》。由此可以看出，虽然学界对小报的研究不曾中断，从小报出现至今也有各类文章对小报进行论述，但学界对小报的系统性研究还不够重视，也没有一篇文章是对天津的地域性小报进行研究的。因此本书也旨在提供一份宝贵的史料研究，为今后学术界对天津民国时期小报的研究提供帮助。

4. 关于民国报纸文艺副刊的研究

对民国报纸文艺副刊的研究，学界比较重视从文学的角度谈起。国内对民国副刊最有研究的是学者郭武群，他在2007年9月出版的《打开历史的尘封——民国报纸文艺副刊研究》一书中，以文学的视角论述了文学与报纸的联姻，阐述了民国报纸文艺副刊概况，对五四时期的"四大副刊"——《时事新报》的副刊"学灯"、《晨报》的副刊"晨报副镌"、《民国日报》的副刊"觉悟"、《京报》的副刊"京报副刊"的创刊时间、栏目特点、发展概况等做了全面介绍,并对典型的文学作品进行分析,在民国报纸文艺副刊的基本属性章节中,作者从独立性、原生性、文学性和消闲性四个方面对基本属性进行归纳概括。此外,该书全面深入地阐述了文学与文艺副刊的关系以及民国报纸文艺副刊与文学社团、文学流派,突出了副刊在文学界的价值。其他相关论文多以某一特定报纸的副刊为具体研究对象展开研究,如姚影的《〈锡报〉副刊〈小锡报〉音乐资料的整理与研究(1920—1929)》以副刊提供的音乐资料进行研究,为今后类似的戏剧或音乐资料的研究提供了独特的角度。其他大多数文献的研究视角都是以文学为主进行阐述的,比如田华的《南社的文学转型研究——以〈民国日报〉文艺副刊(1916—1923)为研究样本》,李姝慧的《新文化运动时期〈觉悟〉副刊研究》等。

三、研究思路

本书共分为五章进行叙述。第一章是对报人沙大风的编辑人生及其文艺创作进行梳理,从其早期的编辑活动,到创办《天风报》,再到他的文艺创作,分析探究了他的一生,这也是从内在因素方面梳理了沙大风的创刊动机。第二章梳理了《天风报》的创办背景和版面设置。《天风报》的创刊深受民国时期天津政治经济的影响,再加上20世纪30年代天津小报的发展和民国时期戏剧和通俗文学的发展,多方面的外在因素促成了这份报纸的出现。另外这一章还叙述了《天风报》的版面设置,分别从排版、图片和广告三个方面梳理了这份报纸的版面情况。排版部分分为两个阶段,分别是作为小报的《天风报》和作为画报的《天风画报》及《新天津画报》,配以图片进行叙述,也让读者更加直观地了解这份报纸。第三章重点对《天风报》进行内容分析,结合报纸从社会性、文学性、艺术性和娱乐性四个方面进行阐述。此外,还提取出几位重要的报纸编辑与主笔稍加评述。最后叙述了副刊"黑旋风"的内容特点,分析其图片形象,阐述了该副刊的社会评价。第四章主要总结出沙大风及《天风报》的历史意义及评价,分别从沙大风的办报思想、社会交往、提出"四大名旦"的称号、历史评价四个方面切入。第五章总结了《天风报》的历史贡献和历史局限,也解释了这份报纸停刊的原因。后面的五份附录分别是:沙大风年表,沙大风文章目录,笔者的调研随笔《寻找沙大风》,相关人物访谈。需要说明的一点是,《天风报》经历了九年生涯,后来改名为《天风画报》存在一年,再后又改名为《新天津画报》,虽然后面两个时期改名为画报,但其性质也偏向于小报,而且在沙大风看来,这三份都是同一份《天风报》,他花费十四年的时间来经营这份报纸,因此以这三份报纸做分析,也是对其报人生涯的一个完整研究。

四、研究方法

本研究属于新闻史的研究范畴,而新闻史最主要的是以立据为基础,要注重史料。因此笔者从 2018 年 10 月确定选题以后,就一直在查找相关的史料文献。本书主要采用文献研究法,通过对"一手资料"的翻阅,以《天风报》《天风画报》和《新天津画报》报刊文献为主要研究资料,并结合《大公报》《北洋画报》《半月戏剧》等文献、报刊及档案资料,以增加本书的历史厚度。而相关文献的获得,相关人士提供的资料外,还通过大成老旧故纸堆、近代抗战文献数据库、全国报刊索引、《大公报》全文索引、翰唐典藏数据库等学术资料数据库中寻找到一部分文献资料。目前找到与沙大风及

《天风报》相关的史料文献有以下三类：

第一类为最主要的资料，笔者翻阅了《天风报》《天风画报》《新天津画报》所有的现存原始报纸文献。

根据目前所掌握的资料来看，《天风报》只保存了1930年5月2日至1938年8月31日的文献，其中部分日期有缺失，现存的报纸有：1930年5月2日至5月13日；1931年5月7日至31日；1932年1月1日至31日，3月1日至31日，11月12日至30日，12月1日至31日；1933年1月1日至8月19日；1934年8月14、19、23、25日，9月6日，10月25日至31日，11月1日至12月31日；1935年1月1日至8月25日；1936年4月1日至6月26日，9月1日至12月31日；1937年1月1日至6月30日，12月18日至12月31日；1938年1月1日至8月31日。以上共计1285期报纸。

《天风画报》保存了1938年9月5日至1939年3月31日的文献，共有200期报纸。

《新天津画报》保存了1939年4月1日至1943年12月31日的文献，其中部分内容有缺失，现存的报纸有：1939年4月1日至8月20日，1939年10月5日至1943年12月31日。以上共有1652期报纸。

总体来看，笔者翻阅了《天风报》《天风画报》《新天津画报》三份原始文献，总计3137份报纸。

其中，《天风报》从创刊到第2967号终刊，《天风画报》从第1号开始至第202号结束，《新天津画报》接着《天风画报》的编号从第203号开始，直到1942年8月6日第1369号，第二天沙大风又将编号与之前的《天风报》全部衔接起来，于是8月7日从第4551

号开始继续，直到第 5052 号为最后一期。由此亦可见"天风三报"是由这三份报纸组合为一体、前后承续的。

第二类为其他相关文献。除以上三份报纸文献以外，沙大风还曾多次在其他报纸上发表文章，一些报纸也刊载过与之有关的照片。这些报纸包括《大公报》《北洋画报》《申报》（上海）、《半月戏剧》《风月画报》《世界画报》《三六九画报》《国民杂志》（北京）、《红杂志》《上海画报》《中华画报》《戏世界》等。

笔者通过查阅大量史料文献，构建起本书的基本框架和写作脉络，结合学界对《天风报》的研究成果，使得本书更加充实、完整，但二手资料中的相关文献、论文对沙大风和《天风报》的描述较少，有些甚至有误，笔者进行了筛选和摘取、辨析工作，以期对一些叙述沙大风和《天风报》研究中出现的错误进行纠正和勘误，这也是本研究的价值之一。

本书还运用了个案研究法。本书主要研究人物为天津的报人沙大风，将其创办的小报"天风三报"作为民国时期天津小报的个案研究，针对该报的创办背景、版面设置及内容特色进行研究和分析。另外，探究中穿插对《天风报》的编辑主笔的个案研究，包括刘云若、还珠楼主、何海鸣、姚灵犀、陈微尘等人，挖掘出他们与《天风报》和沙大风的关系。

此外，与相关人物进行深度访谈也是收集信息的重要来源之一。俞亦平先生在 2013 年 9 月 4 日《今日镇海》上发表了一篇文章《一对表兄弟，南北两报人——记报界闻人金臻庠、沙厚烈》，文中记载了较多与沙大风有关的史料。笔者通过导师联系到宁波俞亦平先生后得知，俞先生与沙大风的次子沙临岳在 1987 年相识，二人常有书信往来。于是笔者在 2019 年 7 月至 8 月的暑假期间，来到浙江省宁波市镇海区对他进行拜访,通过面对面的交流,在俞先生处笔者掌握到了更多有关沙大风和《天风报》的信息,并经过先生同意,拍摄到了沙临岳先生的亲笔信件。此外,通过暑期的调研,在苏州笔者联系到了沙大风的孙子沙济工先生。沙济工先生是沙临川先生的第六个儿子,通过联系和面对面的访谈,笔者掌握了沙氏家谱世系和一些信息。在杭州,笔者拜访了 103 岁的沙萍女士,沙萍女士是沙大风先生的侄女,曾经是杭州华丰社区的第一任居委会主任,但遗憾的是两年前丧失了语言功能,笔者对沙大风一些更为详尽的信息未能掌握。笔者还在华丰社区拜访了几位高龄老人,从他们的回忆中了解到沙大风先生的事迹,还原了他人生最后几年的样子。

实地调查法可以近距离地观察研究对象曾经的生活轨迹,虽然沙大风在天津生活了二十年,可惜的是,这些活动痕迹已经基本湮没到城市建设中了。而笔者通过对以下三个地方的实地调研,获得了一部分较为丰富的有效信息。

(1)浙江省宁波市镇海区

利用暑假时间,笔者去往沙大风出生的地方,今浙江省宁波市镇海区,对其从小生活的地方进行调查,探索沙大风的成长轨迹。镇海档案馆收藏有一封沙临岳的信件,信中大致描写了沙大风的一些具体情况。

(2)浙江杭州

1949 年后沙大风曾在杭州华丰造纸厂任科长,杭州华丰造纸厂虽然于 2017 年 5 月进行了搬迁工作,但作为中国最早的工业遗产之一,为了留住老厂的记忆,杭州拱墅区和睦街道的和睦街道华丰社区党群服务中心,也就是华丰社区,建设了一座"华丰忆"故事屋。故事屋里主要陈列社区居民捐赠的华丰厂老物件,并展示了这些老物件背后的故事。笔者前往杭州进行了实地调查和信息搜集,观看到快拆迁前的华丰造纸厂,并在别人的帮助下找到了沙大风当年留在华丰的原始工作档案表。沙大风曾在这里工作了四年,逝世前一直居住在杭州。笔者还探访了杭州环城西路遂安路10号,沙大风晚年在这里居住,但遗憾的是这处房屋目前已被拆除,整条街道只留下遂安路3号和6号。根据大概位置能够得知沙大风旧宅距离西湖仅一街之隔,附近是著名书法家沙孟海的旧居,居住环境十分惬意。

（3）上海

《新天津画报》停刊后,沙大风移居上海生活,笔者前往上海沙大风的旧宅进行调研,上海襄阳南路100弄15号是沙大风在上海的旧居,这间房子后来由其次子沙临岳居住,后来被沙临岳卖出。现在房子仍然保存完好,是一幢联排别墅中的其中一所,三层小楼,处于上海较为市中心的位置,可以想象当年沙大风的家境比较殷实。

通过以上几个方面的调查,笔者不仅基本实现了对沙大风史料的全面搜集,还丰富了沙大风的年表。"以史为鉴,可以知兴替",本书旨在通过对沙大风其人生平的梳理研究,还原中国新闻史上这位不被人关注的报人,整理出他的文艺创作,同时对沙大风在创办《天风报》时体现的办报理念进行归纳总结。

五、相关概念的界定

小报是中国新闻史上最早出现的民间报纸,"小报"一词在宋代就已经出现。南宋周麟之所著的《海陵集》中,录有《论禁小报》

的奏章一篇。他说:"小报者,出于进奏院,盖邸吏辈为之也。比年事有疑似,中外不知,邸吏必竞以小纸书之,飞报远近,谓之'小报'。"①近代小报与古代小报概念不同,在近代以来的报刊史中,1917年姚公鹤的《上海报纸小史》最早提出"小报"一词,他在篇尾的"公鹤附志"中提到了小报:"本篇为记述上海华文各日报历史,故各西报、各华文小报(戏报、花丛报,普通名之曰'小报')、星期报、季报、年报、不定期之专门艺术报不与焉。"②近代著名报人戈公振第一次将小报作为一种专门的报纸门类写入他所著的《中国报学史》中。而现代学者孟兆臣在其《中国近代小报史》中提出小报的概念:"小报指的是1840至1949年间,产生于上海、北京、天津等大中城市的小型报纸。"③总体来说,小型报纸从内容和外形两方面与大报都有区别:外形上,小报所占的版面大小与大报有一定的差异,报人包天笑认为:"小报于大报不同之点,不但在于内容,而亦在于外形。即如说它的纸张,大小最有分别,小报只有大报纸张之半,大报每份都有数张,小报则每份仅有一张。"④这种说法认为小报与大报在版面的区别就是纸张的多少,张数多的是大报,张数少的是小报。但更多对于小报概念的界定和对其内涵的描述,重点在于小报的内容方面。孟兆臣认为小报是相比于大报的概念来说的。所谓小报是指开张比大报小,内容与大报相比较,其办报宗旨更贴近大众,对于内容来说,小报的特点是针砭时弊,笔锋犀利,

---

① 沈史明.我国小型报发展简述[M].北京:中国人民大学出版社,1983:132.

② 姚公鹤.上海报纸小史[N].东方杂志,1916-04-12.

③ 孟兆臣.中国近代小报史[M].北京:社会科学文献出版社,2005:1.

④ 包天笑.训影楼回忆录[M].香港:香港大华出版社,1971:445.

其立身之本仍在于要创造出独具特色的风格来。大报内容虽然丰富多彩,但不能包罗万象,如果是"满幅国家大事",便会"对于社会风俗人情绝少登载",至于"有趣之新闻、社会之真相","大报不屑记之"。[①] 小报多记载大报所"不屑记之"的内容,更加贴近市民文化生活。较大报的严肃来说,小报语言较为诙谐幽默,有自己的特色和风格,新闻也更偏重地方消息。还有一种观点认为小报的自我界定是:"纸张大得多的就是大报,反之就是小报。政治时事电报新闻载得密密的,那便是大报,小报则不咧,专门记载点零碎趣闻,插科打诨,闹闹顽意儿,甚至于韩庄的秘密、性生活的变态等等,也不妨赤裸裸地连篇累牍的登载,这就是所谓小报啊。照这个界限讲,小的决不能大,大的也未必至于小。如果要小而大之,固然很难,大而小之,也不成个样子。不过报纸的精神,不是印版式的,大之所以大,小之所以小,其间也有许多的分别。当然不必不伦不类的从尖字上走,可也不能亦步亦趋的跟着别人家学。怎样的不能跟人学呢,这的确是个问题。小大之间,各自做去罢。"[②]大报和小报,不是以纸张的大小和多少等外形要素来区分,最重要的是要找准自己的定位,体现自己的特色,向读者表达与报刊特色相适应的内容。

　　小报既然称之为"报",那么也属于报纸的一种,首先就必然拥有报纸的基本属性。现代学者对"报纸"的定义是:"面向社会大众以散页形式发行、以刊载新闻和事实评论为主的定期连续出版

　　① 李楠.晚清、民国时期上海小报研究—— 一种综合的文化、文学考察[D].郑州:河南大学,2004.

　　② 李楠.晚清、民国时期上海小报研究—— 一种综合的文化、文学考察[D].郑州:河南大学,2004.

物。"①小报与大报一样要刊载新闻,只是对新闻的采写角度和方式不用太过严谨,如果说大报的新闻注重时间性,那么小报的新闻内容偏重趣味性,或者采用诙谐、引人注目的标题,或者刊载琐碎花边新闻,总之与大报重点传播重大新闻不同,有时事新闻,也有社会新闻。赵君豪在《中国近代之报业》中说:"小报性质,笼统言之,无非描写社会间有趣味之事件,供各级人士之消遣。"②其次,小报最突出的功能就是兼具趣味性和通俗性,刊载剧评、小说、随笔、游记,还有五花八门的社会知识和生活常识,深得市民的喜爱,兼备消闲性和休闲性。民国时期很多作家都十分钟爱小报,作家张爱玲曾经这样评价道:"我从小就是小报的忠实读者,它有非常浓厚的生活情趣,可以代表我们这里的都市文明。"③梁实秋的短文《小报》以一种诙谐的口吻道出了小报的趣味性:"我们平常看大报,像是和太太谈天,她老是板着脸,不是告诉你家里钱不够用,就是告诉你家里兄弟吵架,使你听得腻而且烦。偏是翻翻小报看看,她会嬉皮笑脸的逗着你玩。"④而对于版面和纸张来说,报纸的多少并不是区分大小报的界限,大报中有"小新闻",小报中也会传递"大思想"。最后,小报往往都是地区性的,带有强烈的地域性特征,苏州小报与苏州评弹有关,无锡小报《小锡报》多刊载当地及江南地区

---

① 童兵,陈绚.新闻传播学大辞典[M].北京:中国大百科全书出版社,2014:57.

② 赵君豪.中国近代之报业[M].民国丛书第三编,上海:上海书店,1991:157.

③ 王旲军,张爱玲.我是小报的忠实读者[J].文史博览,2016(8):1.

④ 李楠.晚清、民国时期上海小报研究—— 一种综合的文化、文学考察[D].郑州:河南大学,2004.

的音乐资料,还有上海小报、北京小报、福州小报、天津小报等地方小报,往往可以从中看出报纸中所呈现的地域文化,因此,民国时期的小报从另一个小众角度反映了当时社会的方方面面,甚至体现了一个城市、一代人的成长经历和社会发展状态,是一种通俗化、大众化的文艺报纸。

此外,文中还涉及戏剧的相关概念,而民国时期各种戏剧概念十分混杂。金景芝对戏剧概念的解释是:"戏剧"涵盖范围最广,囊括了传统戏曲、话剧、新兴的电影等中外一切种类的戏剧形式;"戏曲"则指中国本土的有传统民族特色的"以歌舞演故事"的舞台表演形式;而"话剧""新剧""新戏""文明戏"等均指受西方戏剧思想影响产生的以演员动作和对话为主干的戏剧;"旧戏""旧剧""剧曲"等均用来指代中国传统戏曲。① 由此可见戏剧、戏曲和京剧完全是三个不同的概念,"戏剧"的概念范畴要比"戏曲"灵活,涉及内容更加宽泛,还包括海外传入中国的新戏、话剧等,而中国特有的传统戏剧形态被称为"戏曲",戏曲是中国戏剧最具独特性与代表性的艺术形式,戏曲包括京剧在内,还有昆曲、川剧、越剧等各类剧种。本书所论述的"天风三报"和"黑旋风"副刊所涉及的戏剧概念更为广泛,而沙大风是剧界著名"票友",多关注戏曲中的京剧领域,昆曲和其他地方剧种也有所涉及,其文艺创作也多为戏曲评论,沙大风文章中所提到的"旧剧""国剧""平剧""戏剧"等概念都是属于中国戏曲的概念。因此,本书将"天风三报"中涉及的戏剧概念统称为戏剧,而将沙大风的剧评统称为戏曲。因戏剧研究并非本书重点研究内容,其余有关戏剧的概念不再赘述。

---

① 金景芝.民国时期的戏曲理论研究[D].北京:中央民族大学,2012.

第一章　沙大风的编辑
人生和文艺创作

　　任何事物的形成和发展都有其自身的内在规律,并且受外在环境的影响,一个人的思想也不例外。思想的形成不仅与当事人本身的成长经历、工作经历有密不可分的联系,还潜移默化地受到其长期沉浸的家庭环境、工作环境和生活环境这些外部因素的影响。另外,当事人所处的社会局势和国内外环境等客观因素也发挥着作用。从这个角度来说,《天风报》与沙大风紧密相连。沙大风的人生经历和文艺创作共同为其办报思想打下基础,《天风报》的办报宗旨也是二者的延续和精华所在。因此,要了解《天风报》的理念和宗旨,就要通过了解沙大风的人生,了解其文艺创作,进而掌握其办报思想。

第一节　沙大风的早期编辑活动

　　报人的个人定位与社会交往影响着一份报纸的产生:早年的生活与求学经历形成了沙大风性格中最基本、最稳定的一面,比如勤奋善良、疾恶如仇、广泛交友等性格,而青年时期的工作经历和社会环境是其办报思想形成的重要来源,中年时期多年的报人生涯奠定了他的社会地位,也形成了他更加完整的人生观,而办报思想归根结底都是沙大风的性格、品质、人格在工作中的体现和映射,因此,他在创办《天风报》之前的编辑活动对其整个报人生涯具有重要的参考价值。

一、沙大风的家世

图 1-1 沙大风

来源:《金刚画报》1939 年 5 月 21 日

沙大风于清光绪廿六年一月二十八日(1900 年 2 月 27 日)出生在浙江镇海九弯弄(今属浙江省宁波市镇海区),原名沙厚烈,号咏冕,笔名(沙)游天、大风、微臣等。另据学者顾臻的研究,"由缺德《忠言》一文(文末有'庶不负本风之苦心也乎'之语,岂非沙大风乎),断定'探''再探'和缺德为同一人,实乃沙大风社长!果然如此,则沙大风在《天风报》上已知所用笔名为'探、再探、缺德、大风',计四个"①。因此再加上探、再探和缺德,沙大风目前已知有六个笔名,其中"大风"使用最多、最频繁,也最广为人知。沙大风祖父为商贩,靠贩卖猪肉为生,供儿子沙鸿勋读书。沙鸿勋就是沙大风的父亲,他号志甫,生于光绪年间,镇海城内区人,人称阿槐先生。宁波向来有浓郁的社会办学、捐资兴学的传统,义庄、私塾遍及城乡。据《镇海县志》介绍,沙鸿勋曾经在镇海校士馆内创办过彪蒙学堂,建立贫民习艺所,致力于发展镇海教育,后供职于宁波四明银行。沙鸿勋不仅为人正直,而且是个热心肠,沙大风次子沙临岳在给其友人的信中描写道:"金家兄弟润庠、臻庠(引者注:报纸刊出时误作"金臻痒")、安庠三人,早年丧父,靠母亲沙完珍在甬办私塾,兼以绘绣维持生计。我祖父(引者注:指沙鸿勋)见他们一家孤儿寡母,经济拮据,生活艰辛,便每月资助大米一石,培植求学。三兄弟中的老大润庠小学毕业从学徒做起,后成为湖州中丰、杭州华丰、嘉兴民丰、上海国丰四家造纸厂的股东或理事、经理。"②当历史的车轮碾过,回头再看时不得不感叹:从某些角度来说,正是由于沙大风父亲早年的仁义和热心,保障了多年后儿子一家的生活。金家与沙家为表亲关系,沙鸿勋资助金家三兄弟求学、成长,后来金润庠成为民国时期中国四大造纸厂的重要创始人和股东之一,他曾带头提出公私合营,抗美援朝时带头捐飞机,多次受邀参加毛泽东主席、刘少奇主席的国务会,而他所创办的杭州华丰

① 顾臻.读天风报札记之十·补遗篇.品报学丛[M].天津:天津古籍出版社,2014:236.

② 俞亦平.一对表兄弟 南北两报人——记报界闻人金臻庠、沙厚烈[N].今日镇海,2013-09-04.

造纸厂也为后来的沙大风提供了晚年的工作场所和生活保障。金臻庠则是宁波第一张民营白话文报纸《时事公报》的创始人。从小耳濡目染父亲做善事，这在沙大风日后的办报理念中得到充分体现——他也十分热衷于社会慈善事业。

沙大风生母为孟氏，又有母乐太夫人。根据 1938 年 12 月 8 日发布在《天风画报》上的一则讣告推测，乐太夫人当为其嫡母。沙大风共有兄弟五人，分别为沙厚礼、沙厚圻（又名沙咏沧）、沙厚烈、沙厚钧、沙厚铭。其中沙厚礼和沙厚圻过继给了别人，因此在讣告中被列入"降服子"。沙大风大哥沙厚礼一直留在宁波镇海，与父母一起生活；四弟沙厚钧和五弟沙厚铭在上海经商；二哥沙咏沧与沙大风同在天津生活，沙咏沧曾担任启新洋灰股份有限公司北京办公处处长，还在 1950 年与佛教界人士在北京发起创办现代佛学社，联合出版了刊物《现代佛学》。

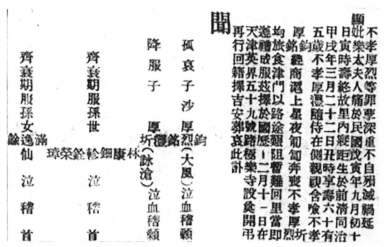

图 1-2 乐太夫人讣告

来源：《天风画报》1938 年 12 月 8 日

沙大风育有二子。长子沙临川,字世铨,出生于1923年7月24日,毕业于北平辅仁大学(1949年该校移至台湾),后进入台湾大学中文系学习,曾担任台湾省基隆市政府股长,70岁后移民澳大利亚,在澳大利亚时十分热心公益,积极帮助华人,朋友们都称他为"沙大使",于1998年9月28日逝世。沙临川的妻子名为章家珍,育有七子一女。沙大风的一生多与报纸打交道,他也希望自己后代日后能为中国的新闻事业做出一份贡献,1932年第2卷第181期的《中华画报》曾刊登沙临川的一张童年照片,标题为"未来的名记者——名记者沙大风君之公子小风"。同年,第6卷第22期的《天津商报画刊》,又刊登了沙临川的另一张照片。

图1-3 沙大风之长子沙临川幼年时期照片
来源:《天津商报画刊》1932年第6卷第22期

沙大风次子——沙临岳,字世康,又名沙龙,1931年10月29日出生。沙临岳童年在上海度过,后来在天津读初中,随后去北京求学,1948年从北京育英中学毕业后去台湾投奔其哥哥沙临川,进入台湾大学中文系一年级学习。因为其十分热爱音乐活动,在台湾求学期间除担任美国长老会教堂唱诗班的指挥和台湾省政府社会处合唱团的指挥外,还参加了台湾省交响乐团。一年后,沙临岳返回大陆,于1949年进入上海沪江大学人文学院学习,专攻社会学。1980年沙临岳在上海平反获释,开始投身到

图1-4 沙大风次子沙临岳
来源:俞亦平提供

各项社会公益工作中。60岁后他回到镇海,组织了一个"镇海民间室内乐团",创立了一间名为"沙龙彩色摄影社"的照相馆。"改革开放后,有一沙氏后人在沙家大屋开办了县城第一家彩色照相店,店名为'沙龙彩色摄影社',在当时小县城中显得比较新潮。"①文中所述"沙氏后人"即为沙临岳,从其热爱合唱、指挥、编曲和摄影这些方面,可见沙临岳也继承了父亲沙大风的文艺作风。1997年国庆节,沙临岳在镇海发电厂举行最后一次演出后,便定居到了上海,在沙大风上海的旧居襄阳南路100弄15号居住。移居上海后他又组织了一个老年合唱团——上海民间百灵鸟合唱团,其中所唱之歌大多由沙临岳改编。该合唱团成立后,在上海理工大学、上

---

① 方明列.弯弯曲曲"九弯弄"——镇海城区一条特别的弄堂[N].宁波晚报,2013-10-20.

海中医药大学、上海交通大学等高校,上海交响乐团、武警会堂、青年会、云峰剧场,以及上海的中学、公园、广场、里弄等各个场所出演。后来他将上海洋楼变卖后又返回宁波,认识一外籍女子,该女子情况不详。沙临岳于 2008 年(具体时间不详)患病逝世,无子女。

在中国近代化的发展进程中,浙江宁波一直是商业发展的重镇,其中鄞州、镇海、慈溪、奉化、象山、定海六县在外的商人、企业家及旅居外地的宁波人,被称为"宁波帮"。宁波帮是中国近代最大的商帮,位居中国十大商帮之首,为中国民族工商业的发展做出了极大的贡献,极大地推动了中国工商业的近代化,对清末上海、天津、武汉等城市的崛起做出了突出的贡献。宁波帮中著名人物包括邵逸夫、包玉刚、鲍咸昌(后与妹夫夏瑞芳等创办商务印书馆)、叶澄衷(中国五金大王,创办上海澄衷中学)、王宽诚、邵洵美等人,他们在中国的航运业、金融业、教育业、艺术业等各行各业发挥着自己的力量。宁波帮有着坚定的乡情意识,极为重视乡情乡谊,他们凭借聪慧的头脑、广结善缘的个性、同乡互助的观念,在中国的各个地方、各行各业扎根,无论在哪个城市,他们都会竭尽所能,团结一切能团结的力量,奉献襄助之能力去帮助同乡。伴随着这种家乡文化氛围的熏陶,沙大风也终身保持着互帮互助的传统,以忠信仁爱为处世原则,同时内心充满善念,愿意去倾力帮助身边的朋友。另一方面,殷实的家境也塑造了沙大风的个性。根据宁波镇海区摄影家协会主席李浙东先生提供的几幅镇海九弯弄老照片,后又经过曾经与沙大风同住一个弄堂的方明列①先生指认,沙大风所出生的沙家大屋位于镇海城内区九弯弄村 12 号。沙家大屋虽说不上非常气派,但也十分庄严出众,"九弯弄,东西走向,果真有九个弯吗? 想现已无法考证。20 世纪六七十年代,笔者就住在弄里……右侧有大宅数幢,雕砖的门头,显示着曾经的辉煌。据《镇海区地名志》记载,此为沙家大屋,系旅沪、旅津经商发迹巨商居宅。沙家大屋有南北两扇大门,宽长的屋檐、连排的七石缸、敞亮的天井、粉红的石板,儿时常在里面玩耍"②。

图 1-5 沙家大屋

来源:李浙东摄于 1998 年

沙家大屋建筑外围有马头墙,正门处有精美的砖雕门头,整体呈现典型的江南建筑风格。从文中还能得知沙家大屋中常有在上

---

① 方明列.从《今日镇海》退休,10 余岁时搬家至九弯弄 6 号居住,与沙家大屋仅一门之隔。

② 方明列.弯弯曲曲"九弯弄"——镇海城区一条特别的弄堂[N].宁波晚报,2013-10-20.

海和天津的商人,将其作为歇脚之处。也许正是在沙家大屋结识了各种朋友,沙大风日后去往北京和天津工作生活时,才能够多有各色人等相助。从出生到少年时期,沙大风在家乡宁波受到了生活、文化方面的熏陶,忠心仁爱的乡风造就了沙大风的处事风格,再加上在父亲那里的耳濡目染和宁波帮同乡的协助,促成了沙大风的命运转折。少年时期的经历不仅形成了他日后爱文重义的性格和为人仗义任侠的行事作风,还使其从一名默默默无闻的金融从业人员转变为颇有名气的报人、编辑和剧评家。

在家乡念过小学之后,沙大风于民国初年奔赴上海求学。受父亲的影响,他 18 岁毕业后便留在交通银行上海分行做会计实习员。沙大风中学毕业起就痴迷戏剧,还曾在小报馆谋到过"娱乐记者"的工作。1921 年,20 岁出头的沙大风便提出了家喻户晓的"四大名旦"称号。1925 年 5 月,由于工作的内部调动,沙大风来到北京的交通银行总行,先在北京工作,后来迁往天津,就这样在总行做了两年的文书员,但沙大风依然与南方友人保持着联系。上海小报《小日报》1926 年 8 月 1 日复刊,到 1927 年底沙大风作为该报的特约撰述人。这张报纸的其他著名撰稿人还有袁寒云、包天笑、周瘦鹃、不肖生等人。1928 年 3 月,交通银行总行迁往上海,沙大风这次没有跟随银行的变动返回上海,而是选择留在天津,在《北洋画报》任职做编辑。

二、主持《北洋画报》的"戏剧专刊"

1928 年 3 月交通银行总行迁往上海后,沙大风在《北洋画报》就职。《北洋画报》创刊于 1926 年 7 月 7 日,1928 年 2 月 29 日"戏剧专刊"创刊,沙大风作为编辑,负责主持其中的"戏剧专刊"部分。

虽然沙大风的档案中没有提到在《北洋画报》的工作经历,但通过史料的挖掘,发现他的确创办了《北洋画报》的"戏剧专刊"。刘云若曾邀请沙大风为《北洋画报》"戏剧专刊"创刊一百期写一篇稿子,沙大风曾回复他:"我因为北洋剧刊,是我一手创办的,如今已有两年的成绩,一百期的纪念,我当然要写一篇作作纪念。"[①]而他也在"戏剧专刊"上多次发表文章,其中"戏剧专刊第一号"的正刊部分第一篇文章,就是沙大风以"游天"为笔名所撰写的"戏剧专刊"创刊的《开场白》,文章表明了办刊的理由和宗旨:"以目下戏剧现状而论,确有待乎一般人之研究发明,以互助其改进与发达。一而以艺术之眼光褒贬伶人,以改进社会之宗旨,批评剧本。凡于戏剧有研讨之兴趣,有改良之愿望者,以及伶人有关于剧艺上之意见,必当尽力容纳,以供究讨,俾吾国戏剧,日趋于辑熙光明之域,是则本报还设本刊宗旨。亦本刊同人所尝勉励赴之者也。"[②]由于戏剧本身具有很强的感染力,是属于平民的文学,普通百姓就算不识字也可以通过戏剧表演学到知识,了解到社会和历史所发生的事,而当时戏剧改良下的戏剧则"舞不似节,歌不以律",所以《北洋画报》寄希望于构建一个平台,让各界戏剧爱好者可以借助"戏剧专刊"来共同探讨,为中国戏剧的改良寻找出路。在形式方面,"戏剧专刊"上陆续登载了大量伶人的书法作品、肖像小影等,沙大风希望以图片、图画、摄影作品这些以图像进行表达的方式,使读者更深入地了解伶人,了解戏剧最真实的一面。"戏剧专刊"主要发布剧界消息、剧评文章、宣传剧目等,这份刊物随着《北洋画报》一

---

① 大风.致刘云若兄[N].天风报,1930-05-08.
② 游天.开场白[N].北洋画报,1928-03-24.

同发行,不对外零售。借助自身的特点和《北洋画报》的品牌力量,"戏剧专刊"逐渐有了广泛的受众,传播力量与日俱增。也就是从这时起,沙大风对于戏剧的喜爱由"线下"转为"线上"——由以前去戏院看戏、做评述,转为到报纸上开专栏发表剧评,由此开启他编辑生涯的同时,也为日后创办《天风报》奠定了坚实的专业基础。

在《北洋画报》工作的这段时间里,沙大风最主要也一直致力做的事,就是宣传京剧艺术家荀慧生及其戏剧。由于荀慧生早年艺名为"白牡丹",因此荀慧生的资深戏迷被称作"白党"。被称为"白党首领"的沙大风在其主持的"戏剧专刊"上为荀慧生专门刊发了"荀慧生号",1927年他还联系了上海的"白社"成员,共同编辑出版了以荀慧生艺名命名的专书《白牡丹(留香集)》(本书论述沙大风文艺创作部分有专门介绍)。这本专书专门用来为荀慧生进行宣传,刊载荀慧生的演出剧目、时间、照片,以及剧界对其评论等。以《白牡丹(留香集)》为标志,沙大风在北方开辟据点来推崇荀慧生及其艺术造诣,从1928年4月开始集中发表文章,其中4月4日的专刊上,沙大风发表了《荀慧生有整理旧剧之功》,高度评价荀慧生有整理旧戏剧的伟大功劳:"而以整理旧剧为职志,挽此既倒之狂澜,固慧生今之有心人也。"[①]在这份报纸上,他还刊出自己收藏的荀慧生便装近照和戏装近照,以及珍藏的荀慧生山水近作,并评价道:"慧生颖悟多能,研艺之余,雅擅绘事,作山水,笔致秀逸可喜。"[②]可见沙大风对荀慧生评价极高,认为其在艺术创作方面有很高的悟性。他与荀慧生的关系甚好,除了工作关系,私下也是好友。

---

① 游天. 荀慧生有整理旧剧之功[N]. 北洋画报,1928-04-04.
② 荀慧生山水近作(游天珍藏)[N]. 北洋画报,1928-04-04.

图1-6 在《北洋画报》工作时的沙大风画像

来源:《北洋画报》1929年7月7日

另外,在《北洋画报》期间,沙大风除了主持"戏剧专刊"并极力推广荀慧生以外,还结识了同在一起做编辑工作的天津文化名流刘云若、王小隐和其他一些报刊的编辑与主笔,这些人后来都为沙大风的办报事业贡献了力量,而沙大风的办报理念也受到了《北洋画报》"传播时事,提倡艺术,灌输知识"宗旨的影响。

三、主持《天津商报》的"游艺场"

1928年6月,沙大风离开《北洋画报》,加入刚刚创办不久的《天津商报》。《天津商报》1928年5月10日创刊,由天津文化名流刘云若与著名实业家叶庸方共同经营,初创时就汇聚了王芸生、吴秋尘、吴云心等一大批报界名人。在近代天津"四大报纸"①中,《天津商报》创刊最晚,但其副刊的市民文化色彩要更加突出,除

---

① 指《大公报》《庸报》《益世报》和《商报》。

"游艺场"外,还有其他副刊,比如1928年创刊的由吴秋尘主编的"杂货店"、王小隐主编的"古董摊",1931年创刊的"电影院",以及每年春秋赛马季推出的"赛马专页"或"赛马专刊",均曾深受天津市民的喜爱。刘云若离开《北洋画报》后,到《天津商报》主持副刊"鲜花庄",并邀请沙大风作为"管事"主持《天津商报》副刊"游艺场"。"游艺场"主要刊登电影、戏曲、舞蹈、曲艺等评论和消息,是《天津商报》历史上存在时间最长的游艺类副刊,在该报的创刊初期就成为《天津商报》的主要副刊。①《天津商报》改版后,沙大风从"游艺场"转为进行《天津商报画刊》的编辑工作。1930年7月6日《天津商报画刊》问世(最初取名为《天津商报图画周刊》),起初作为周刊每周日发行,作为《天津商报》的附刊,以刊发游艺消息、社会轶闻、长篇小说为主,刘云若的《红杏出墙记》最开始就刊发在该报上。每期首页的中央位置还会专门刊载名人小照,如梅兰芳、孟小冬、朱秋痕等名伶、影星。"在《天津商报》各种类型的副刊中,由沙大风开创的画刊是该报最受欢迎的独立副刊。"《天津商报画刊》一经推出就受到本地普通市民阶层的喜爱,之后周刊改为每周两刊,后又改为每周三刊,期间还曾推出日刊。②《天津商报》的副刊与其他三份天津大报的副刊相比,娱乐色彩最为浓烈,而沙大风的这段编辑经历也影响了后期《天风画报》和《新天津画报》的版面设置,其第一版与《天津商报画刊》相差无几,都是正中央有一幅印刷清晰的照片或图画,文字围绕图像,多是娱乐消遣性的内容。

---

① 李文健.略论近代天津报纸副刊的发展轨迹和编辑特色(1895—1937)[J].东南传播,2005(3):112-114.

② 李文健.略论近代天津报纸副刊的发展轨迹和编辑特色(1895—1937)[J].东南传播,2005(3):112-114.

沙大风在《天津商报》做副刊编辑期间，开始极力推荐中国京剧史上第一女须生孟小冬。他在《天津商报》副刊"游艺场"上撰写"孟话"①，专门用来记述孟小冬女士的生活起居。"冬皇"就是沙大风专为孟小冬上的尊号，甚至"俯首臣称"，尊称孟小冬为"吾皇"，对孟小冬则自称"老臣"，以表示钦佩。沙大风认为在整个老生行，孟小冬是史无前例之人，"此种力

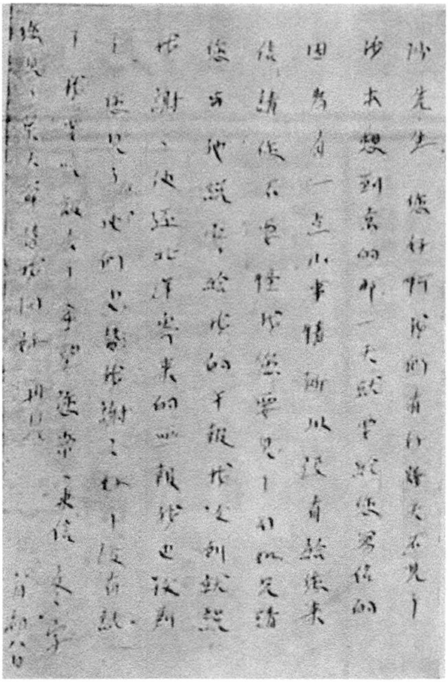

图1-7 孟小冬写给沙大风的亲笔信
来源:《北洋画报》1929 年第 7 卷第 315 期

量，亦为小冬有之，我以为整个生行，若无斯人，极有毁灭之虞，此非予歌功颂德，实是由衷之言"②。曾任《半月戏剧》主编的沈苇窗也证实了这件事:"当年有一首打油诗，传诵一时。曰:沙君孟话是佳篇，游艺场中景物鲜。万岁吾皇真善祷，大风吹起小冬天。后来沙大风自己告诉我，这'冬皇'二字，是他专为孟小冬上的尊号。"③孟小冬与沙大风的关系十分要好，她曾数次亲笔写信给沙大风。1929 年的《北洋画报》

① 沈苇窗.一代奇女子"冬皇"之由来[J].中国戏剧,2008(1):14-15.
② 大风.赈灾义剧中之孟小冬两出戏(下)[N].新天津画报,1939-10-07.
③ 沈苇窗.一代奇女子"冬皇"之由来[J].中国戏剧,2008(1):14-15.

曾刊登了一篇名为《孟小冬女士致沙大风先生之一封亲笔信》的文章,孟小冬在信中写道:"沙先生,您好啊,我们有好几天不见了,我本想到京的那一天就要给您写信的,因为有一点小事情,所以没有给您来信,请您不要怪我……"[①]可见二人经常有书信往来。

第二节　沙大风与《天风报》

民国时期,大报的内容或者关注国家大事,或者聚焦国内重要人物的新闻,或者有特殊的政治立场,总之,大型报纸的视线往往聚焦在重大经济、政治、军事等事件上,而小型报纸以刊登文艺作品为主,新闻为辅。但大部分小报为了迎合市民的低级趣味,过多刊登淫秽文字,不适宜一部分读者阅读。如果有一份报纸既能满足读者对新闻的需求,又能实现消闲性和趣味性的特点,还能读之有益,家庭中男女老少皆可阅读,以增长知识、促进教育,那么这份报纸一定会深受市民阶级的欢迎。俗话说"时势造英雄",正是由于时代的现状,社会的需求,再加上沙大风本人的人生经历,在民国时期的天津出现这样一份小报是必然的。《天风报》就此应运而生。

一、创办《天风报》

由于之前在《北洋画报》和《天津商报》做过两年多的编辑工作,积累了丰富的经验,沙大风决定自立门户办报。他将之前积累

---

① 孟小冬女士致沙大风先生之一封亲笔信[N].北洋画报,1929-05-07.

的知识和人脉结合在一起,于 1921 年创办了一份文艺小报《大风报》至 1930 年又正式创办了《天风报》。为什么起这个名字,主要有两种不同的解释。第一类解释为与沙大风的名字相关。《天风报》取自沙大风的笔名"沙游天"中的"天"字和"大风"中的"风"字,其儿子沙临岳也曾在信中说起《天风报》的取名:"早年,先父任《天津商报》编辑、主编,发表文章署名'大风',由于其剧评文章犀利,痛贬时弊不遗余力,在报界与剧评界有'北方张季鸾'之称。他自信其文章有号召力,1921 年即在天津以'大风'之名创办《大风报》,自任社长。当年,报纸除长期订户外,多由报贩沿街叫卖。而《大风报》与《大公报》谐音,可能《大公报》被抢走不少读者,引起《大公报》当局之交涉,而改名为《天风报》(取笔名游天、大风各一字作报名)。"[①]第二类解释为友人赠字。同为在《天津商报》做编辑的报人吴秋尘曾为该报撰写了一副对联:"天天有报,风雨无阻。"寄托了希望该报兴旺发达的愿望。另一位报人王小隐用当时流行的《天雷报》《风波亭》两部戏剧剧名,撰写了一副对联:"唱做兼全天雷报,悲欢尽致风波亭。"对联中嵌入"天""风""报"三字,暗示了这份报纸以戏剧内容为主的办报理念。[②] 作为一报之名,其重要性不言而喻,不论是哪种原因,最终都促成了《天风报》报纸名称的产生。

在《天风报》正式出版的前一天,1930 年 2 月 19 日,沙大风在《大公报》这份当时天津最有影响力的报纸上发表预告,向读者隆

① 俞亦平.一对表兄弟 南北两报人——记报界闻人金臻庠、沙厚烈[N].今日镇海.2013-09-04.

② 张麒麟.还珠楼主也是一位老报人[N].今晚报,2013-01-27.

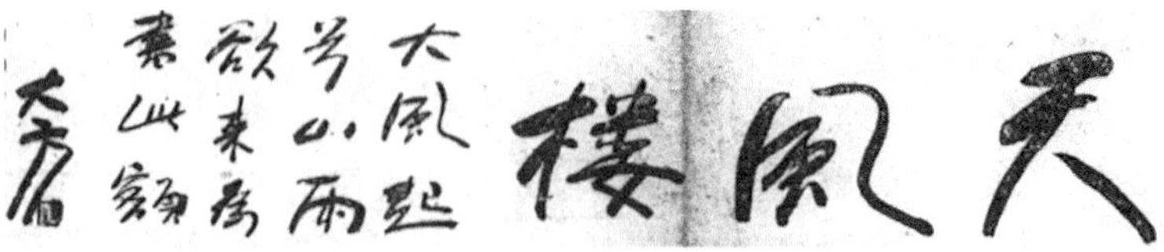

图 1-8 方地山为沙大风题楼额

来源:《天风报》1937 年 4 月 5 日

重介绍了《天风报》的出版信息,提到了该报即将出版的时间、内容及报刊作者:"沙游天君创办之《天风报》,筹备多时,现定本月二十日出版,日刊一小张,内容注重文艺小品,格式取材甚为新颖丰富,编辑何香石君,前办《声报》,亦有声于时,所约撰述则为陈墨香,关无分,阿迦居士,红蘵馆主,娱园老人,还珠楼主诸君云。"[①]第二天,也就是 2 月 20 日,《天风报》正式创刊。当时创办《天风报》的资金主要出自黄文谦和荀慧生二人。[②] 同年 4 月,沙大风"因自办《天风报》",正式从《天津商报》辞职,成为《天风报》的经理兼戏剧版编辑,并邀请刘云若担任该报副刊"黑旋风"的主编。

《天风报》创刊于 1930 年 2 月 20 日,初创时馆址位于天津日租界的福岛街。协助沙大风担任主笔的有陈墨香、刘云若、李寿民(还珠楼主)、何海鸣、阎汝痴、姚灵犀等人,下设编辑部、发行部、管理部。报纸整体内容多样,形式新颖,文风活泼,赢得各阶层喜爱,成为 20 世纪 30 年代天津影响较大的小报之一。其副刊"黑旋风"作为报纸的精华所在,更是在中国通俗文学发展史上占有重要的

① 刊物总介. 天风报出版明天与读者相见[N]. 大公报(天津版),1930-02-19.

② 俞志厚. 1927 年至抗战前天津新闻界概况[J]. 新闻研究资料. 1982(4):178-208.

地位,本书会在后面专门提到。

　　这个时期的《天风报》属于典型的小报。小报因为版面限制,每版刊载的内容都有规定,新闻叙述不能过多,再加上新闻的时效性,常常既要做到消息丰富,又要做到对新闻报道一语中的,新闻从业人员也要多方面搜集新闻,而不是仅仅针对要闻或专业型文章,从这一角度来说,办小报需要考虑更多的维度。《天风报》曾对小报如何进行新闻报道做了这样的叙述:"小型报纸,篇幅既小,容量亦少,又以时间与经济所限,虽有竞进之心,常感欲前辄止之势,是其办理之难,乃百倍于大报也。值此国内外多事之秋,阅者日盼报纸之来,皆欲先睹为快,业新闻者,尤其小型报纸,对于各方消息,搜罗靡遗,篇幅虽小,简而求备,至于重要新闻,不能有一日落人之后,此类竞争,看来似颇容易,试一比较,当有定论也。"①小报的新闻报道和写作比起大报来说,更考验记者和编辑的能力。而《天风报》为了充实新闻的丰富性,在北京、天津、上海、汉口这些大城市设置特约记者,专门进行国内外消息的报道,这对一份小报来说,一定是全国为数不多的设置。编辑还广泛搜罗全国重要新闻,城市来源有上海、北京、南京、广州、兰州、杭州、洛阳、西安、保定、福州、张家口、香港等,甚至有国外的东京。随着报纸读者群体的扩大,这份报纸逐渐开始在国内畅销,编辑部在全国设置了多处分销点,比如开封、济南、大同等城市,剧评、游记等文章有时也是主笔从其他城市寄来,文章之前会出现"自平寄""自沪寄""自济寄"等字样。除此以外,编辑部还出售每月的报纸合订本。天津作为洋务运动的重镇,是中国近代邮政职业发展的起点,这一有利条件

━━━━━━━━━━

　　① 记者.小型报之困难[N].天风报,1936-6-3.

使天津的报业可以在全国范围内有效开展"代邮",而天津邮政、电信、铁路事业的发展也为天津的新闻事业奠定了良好的物质基础。《天风报》逐渐深受市民的喜爱,全国各大邮局皆可代买,可见该报读者范围广,数量多、销量较为可观。

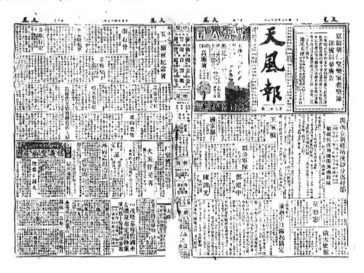

图 1-9《天风报》

来源:《天风报》1930 年 5 月 2 日

根据各类资料显示,《天风报》的发行量有较为明显的波动。从社会大背景的角度来看,该报的发行同其他大部分报纸一样,主要受时局影响较大。《天风报》初创时就发行 8000 多份,随着报纸的影响逐渐加大,发行量也与日俱增,到了 1931 年初发行量已达到 1.3 万多份,可见该报初创时期深受读者喜爱。1933 年 2 月 20 日,沙大风在庆祝创刊三周年的文章中说明了当时报刊的发行量:

"本报出世之日,遭逢时会,数日之间,风行万纸。"①然而 1931 年 9 月,日军发动了九一八事变,逐渐加强了对华北地区的控制,11 月日本特务策动了天津便衣队暴乱事件,考虑到言论自由,天津各大报纸纷纷停刊或变更社址。由于社址所在的日租界福岛街受到影响,《天风报》决定在 12 月 10 日之前搬离日租界,迁移至法租界华中路 36 号营业。也是因为这次迁移馆址,报馆元气大伤,"停刊凡三十余日,损失达五千余金",造成销量骤减。1932 年因时局的关系,发行量再次减少,到 1933 年发行 9000 余份,1934 年发行 8000 余份,1935 年发行 7000 余份。1937 年七七事变后,发行仅剩 4000 余份,其后略有回升,增加到 5000 余份。②

二、改办《天风画报》和《新天津画报》

1937 年七七事变后,中国开始了对日本帝国主义侵略的反击,全面抗战由此开始。当年 7 月底,大批日军从大沽口登陆后就占领了天津,并开始实行对天津地区长达八年的殖民统治。由于社会时局的影响,《天风报》在夹缝中生存,发行量逐步减小。1937 年 7 月至 1945 年 8 月,这也是民国天津历史上最为黑暗的一个时期。从 1938 年开始,日伪当局开始对天津实施政治、经济、军事和文化上的控制及打压。1938 年 8 月,由日伪当局控制的新闻管理所整顿天津新闻业,勒令一些小型报纸和通讯社停刊,其中包括《兴报》《晨报》《快报》《银线画报》《新都会画报》《咖啡画报》及中华新闻社、博闻通讯社等新闻发行单位,《天风报》也"因内部印刷更张手

---

① 大风. 本报三周纪念之辞[N]. 天风报,1933-02-20.
② 马艺. 天津新闻传播史纲要[M]. 北京:新华出版社,2005:162.

续甚为繁重",被迫改名为《天风画报》。停刊四天后,9月5日《天风画报》问世,为了让改版后的报纸更加贴近市民生活,沙大风不仅在报纸的版面设置上延续了《天风报》原本的设置,还扩大了版面,由原来的四版扩大为六版,按照其办刊宗旨,除了第一版为图画和广告外,其余分为"剧迅""戏剧""电影舞场"和"家庭版",虽然改变了名称,但报纸的性质仍然为小报。

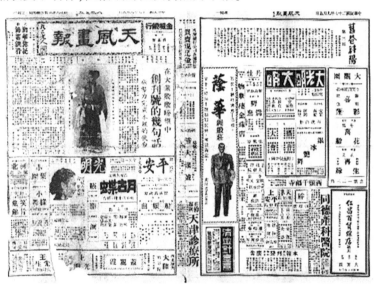

图1-10《天风画报》

来源:《天风画报》1938年9月5日

在此期间,沙大风依然与剧界人士多有联系,其中就包括京剧名花旦童芷苓,他将童芷苓称作"天下第一坤伶"。童芷苓的父母都是教育界人士,因久仰沙大风,决定让沙大风作为她的义父。1939年1月13日,沙大风在天风报馆举办宴席,收童芷苓为义女,参加宴席的不乏天津各界名人,第二天《天风画报》的戏剧版刊登了当天的盛况:"名坤伶童芷苓,自幼即露头角,父母均为教育界人,久仰本报社长沙大风先生之道德文章,芷苓之父汉侠君,为向沙君做进一步之请益,特请人说项将芷苓拜列沙君门下作为义女,沙君本夙喜芷苓天性聪颖,当即允诺……各方来宾纷纷向沙社长及童芷苓等道贺,济济跄跄,盛极一时,而席间觥筹交错,相互劝酒,情绪尤为愉快热烈云。"①1939 年 5 月 3 日,经沙大风介绍,童芷苓在天津拜荀慧生为师。

图 1-11 沙大风收童芷苓为义女当天的来宾合影

(下排左三为沙大风,上排左四为童芷苓)

来源:《天风画报》1939 年 1 月 14 日

1939 年 3 月 31 日,仅仅过了半年,《天风画报》被迫再次更名。当天的《天风画报》上编辑发布"本报启事",告知读者报纸将改版为《新天津画报》。学者倪斯霆阐述了此次更名的过程:"天津被日军占领后,大量报刊被取缔,《天风报》虽因既没社论也没言论而得以幸免,却被逼迫刊登'挽救中国免于赤化'的'圣战'内容。无奈

---

① 本报社长沙大风先生昨收童芷苓为义女[N].天风画报,1939-01-14.

之下,沙大风只得求助北平《一四七画报》社经理朱复初,由朱出面向驻津日军报道部部长山冢少佐疏通斡旋,最终以报纸刊登日方图片并易名为《新天津画报》为条件,获得照常配给印报用纸。说是画报,其实只是在一版增添了几张照片而已,报纸其他版面均与原《天风报》无异。"①《新天津画报》原本附属于天津爱国报人刘髯公创办的《新天津报》,创刊于1933年8月27日,从创刊到1938年8月9日,一直为周刊,沙大风接手后将其改为日刊,但这份报纸的主要办报理念已与之前刘髯公所办的《新天津画报》不同,它既延续了《天风报》和《天风画报》的小报风格,又呈现出画报的特点。《新天津画报》阶段是"天风三报"发展最辉煌的时期,扩大为五张,版面增加到八版,具体分为"家庭版""电影版""舞场版""善业版""戏剧版"等版面,后期版面虽然偶尔有所调整,但总体来说与《天风报》十分相似,只是将小栏目扩张为大版面。难得的是,该报的内容仍然继承和延续着《天风报》的风格设置和沙大风的办刊宗旨,尤其是副刊"黑旋风"作为精华一直存在,可以说《天风画报》和《新天津画报》是《天风报》的延续和升级。

《新天津画报》的影响同样不容小觑,它在沙大风的带领下继续发展,其中就有著名武侠小说家宫白羽在"黑旋风"上发表其长篇专论《金甲证史诠言》,小说连载部分也呈现出更多丰富的类型。"1943年秋,在日伪当局的管控下,天津除已成为日本'北支派遣军机关报'的《庸报》外,只留下一份画报和一份杂志"②,这份画报就是《新天津画报》。1939年8月至10月,天津发生严重水灾,造成

---

①　倪斯霆.沙大风与新天津画报[N].今晚报,2019-06-08(7).
②　倪斯霆.沙大风与新天津画报[N].今晚报,2019-06-08(7).

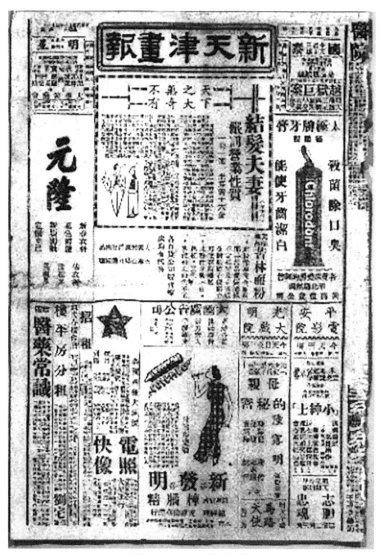

图 1-12《新天津画报》

来源：《新天津画报》1939 年 4 月 1 日

了当时市区内 80% 的地区被洪水淹没,而《新天风画报》报馆正好位于街道低洼处,损失较大,8 月 21 日至 10 月 4 日停刊,中断一个半月后才重新复刊经营,报纸又逐渐有了起色。但随着时局的变化,再加上纸张来源困难,为了节约用纸,报纸不得不逐步缩减版面。非常遗憾的是,这份报纸后期受到越来越严格的管控,为了生存甚至开始发表经日伪指定的新闻,政治立场出现偏差。1943 年12 月 31 日,《新天津画报》停刊,报社裁减后改营印刷厂。

三、晚年行踪

《新天津画报》停刊后,经人员裁减后改营印刷厂,仍归沙大风负责,而此时他还在天津新丰什货号任经理一职。1945 年 10 月,国民党正中书局委托印刷《中国之命运》数十万册,合约本说明校对由双方负责,沙大风方负责装订,但后来正中书局的上级发现文中有误,要求重印,沙临川欲据理力争,被沙大风阻止道:"宁可吃亏让人,不可与人争。"印刷厂亏累至巨,营业因此终止。① 由于印刷厂终止营业、新丰什货号亦"因胜利后物价暴落倒闭"难以维持,沙大风离开生活了二十多年的天津,南下去往上海工作。

1946 年 5 月,沙大风在上海大有船务行做事务员,1947 年 8 月因船行停业离职。1947 年 12 月,沙大风出任上海民丰造纸公司秘书副主任一职,1949 年 2 月由于公司内部调整,改任人事科副主任职务。其后五年,他都生活在上海,住在襄阳南路 100 弄 15 号的三层小楼内。1950 年,50 岁的沙大风再婚(第一任妻子情况不详),

---

① 俞亦平. 一对表兄弟 南北两报人——记报界闻人金臻庠、沙厚烈[N]. 今日镇海. 2013-09-04.

在上海国际饭店摆酒席,上海著名报人严独鹤为其证婚,梅兰芳也到场祝贺,他再婚的妻子名为卢犀①,出生于 1915 年 1 月,福建福州人,比沙大风小 15 岁,结婚后在家做全职主妇。卢犀有个胞弟名为卢焕章,是新中国化工设计工作的带头人之一,中国工程院院士。卢氏为福州大族,可见沙大风的第二段婚姻较有社会影响力。

1954 年 2 月,再次因为造纸厂"内部调动",沙大风一家从上海来到杭州,在被称为"中国造纸业产业的骨干企业"的杭州华丰造纸厂登记入职,工号为 1195 号。1956 年 11 月 20 日,沙大风填写了工厂的"工人职员劳动保险登记卡片",资料显示他在杭州的住所地址为"环城西路遂安路十号"(与今杭州西湖仅一街之隔,附近是著名书法家沙孟海住所)。从上海搬来杭州之后,全家就靠着沙大风在华丰造纸厂的工资生活。在杭州工作的沙大风依然保持着文人风范。与在造纸厂车间工作的工人不同,他的工作是在华丰造纸厂的办公楼里,相当于今天的"白领"工作,环境比较安静,办公室里的人也不复杂。虽然华丰造纸厂的很多工人都听过他的名字,但遗憾的是见过本人的少之又少。据现住华丰社区的高龄老人回忆,当年的沙大风先生走路很有风范,身板硬朗,本来就高的身材丝毫没有因为年龄的增加而佝偻,而是愈发挺拔,显得文质彬彬。在华丰,沙大风一直工作到 1958 年离职,直到 1960 年 5 月 15 日正式办理退休手续。1973 年 11 月 11 日,沙大风在杭州逝世。

---

① 沙大风在华丰的档案之一《供养的直系亲属与非供养的直系亲属》表中显示:自 1986 年 7 月 1 日以后,卢犀女士以胞弟接济为生活来源。其弟卢焕章,当时在北京化工设计公司工作,另一弟名为卢剑,在上海的中国医药公司做采购。

第三节　沙大风的文艺创作

清代中叶以来,中国传统戏曲领域出现了著名的"花雅之争"。昆曲的传奇剧本因其辞藻华丽、内涵精微,并且其演出场所常为上流社会家庭的堂会或厅堂之类的小型演出场所,凭借十分精细的曲调和韵律,深受文人及中上层贵族富商的喜爱,成为中国戏曲中雅文化的代表,因此"昆曲"被称为"雅部"。而其他地方戏曲形态,如京剧、秦腔、梆子等被称为"花部"。"花雅之争"的结果就是直接推动京剧的影响力在短时间内迅速成长,使京剧成为能够与昆曲相提并论的另一大剧种。京剧诞生在皇城北京,自乾隆五十五年为皇帝的祝寿大典开始兴起,"四大徽班"进京后,创造出以西皮、二黄为主的声腔,以湖广音、中州韵为基准声韵的音乐系统。皇宫内召宫外戏班进宫演出,北京茶园供应了京剧的演出场所,再加上其唱腔慷慨激昂,戏词通俗易懂等特点,京剧更容易被民间普通百姓喜爱,尤其在当时的北平、天津、河北一带十分繁荣。著名京剧表演艺术家王瑶卿就出生于这个时代的北京,他后来也成为沙大风的挚友之一。

而自 1912 年至 1949 年,中国的社会、思想都发生了巨大的变化。新文化运动、国剧运动、新国剧运动全部指向了处于娱乐中心的中国传统戏剧艺术。20 世纪 30 年代开始,戏曲迎来了黄金高峰时期,大量新剧目和表演手段出现,戏曲艺人与传统文人之间建立了良好的互动关系,一个在台上演,一个在台下写,艺人与文人的文化认同与实践逐步契合,合力创造出了中国传统戏曲艺术的鼎盛状态。沙大风正是属于怀有文学情怀、热爱戏曲的文人,在众多戏曲剧种中,京剧是沙大风戏曲思想最主要的内容。沙大风与京剧艺人有着千丝万缕的联系,而他的戏曲评论涉及京剧艺术的各个方面,如专门提到京剧的历史演变,探索京剧改进的方法,戏评内容则涉及广泛,以批评为主,包括反对戏曲圈现状、批判出现的谬误,用自己的知识来引导戏迷该如何识别好剧等。他的戏曲评论对进一步总结中国戏曲理论、促进京剧的繁荣发展,都起到了非常重要的作用。除此以外,沙大风的文艺创作还涉及编书、写诗、撰联、剧评等文艺领域,而他的办报理念也是从文艺创作中衍生而出的。经过梳理,沙大风的文艺创作可大致分为三个时期。

一、第一时期:创办《天风报》之前(1930 年之前)

这个阶段是在沙大风 1930 年创办《天风报》之前。根据目前所掌握的资料来看,沙大风在年轻的时候就开始有独到的戏曲思想。1922 年,年仅 23 岁的沙大风在上海"白社"成员严独鹤主编的《红杂志》上发表文章《近今旦角之两大派》,文中仅论梅、程、尚、荀四人所演的旦角,且将荀慧生与梅兰芳相提并论为旦角"两大派",认为两人各自具备不同的表演特色:"兰芳趋于柔媚一途,牡丹则趋于流利一途。"①沙大风年纪轻轻就敢于对当时剧界名伶提出自己独到的戏曲见解,并推崇自己看好的伶人荀慧生和孟小冬。他还拟有一副对联"置身乎名利以外,为学在荀孟之间"②,这里的荀孟不是指荀子和孟子,而是指荀慧生和孟小冬,可见沙大风对荀慧生和孟小冬之推崇。

---

① 游天. 近今旦角之两大派[J]. 红杂志,1922(13):50-52.
② 沈苇窗. 一代奇女子"冬皇"之由来[J]. 中国戏剧,2008(1):14-15.

这一时期,沙大风在文艺上的最大实绩就是作为主编为名伶荀慧生编书。荀慧生号"留香",艺名"白牡丹",捧荀派也被称作"白党",沙大风因为十分推崇荀慧生而被称作"白党首领"。

图1-13 荀慧生与沙大风(右)合影

来源:《北洋画报》1927年11月26日

1927年,沙大风组织上海"白社"成员编辑出版了《白牡丹(留香集)》,在京津沪各大书坊出售。经过沙大风的精心设计,这本书内收录了荀慧生的日记、常演剧目、新戏考等,还有友人对其投赠的诗文,书前有宗威、冯小隐、严独鹤等五人所做的序,纷纷赞扬了沙大风对这本书的贡献。书中展示了荀慧生多幅精美照片,包括荀慧生造像和名家赠与的书画,荀慧生还为沙大风写了一幅书法:"红粉不知愁,将军意未休。掩啼离绣幕,抱恨出青州。"这是《红楼梦》中贾环的五言律诗。《白牡丹(留香集)》是"白社"用来宣传荀慧生的重要文献,也是荀慧生艺术生涯中第一份个人专集,书中将近一半都是对其剧艺的评价,包括"投赠"和"月旦"两个类目,有各类名人对其剧艺进行评价的文章,荀慧生十分感激和珍惜,甚至将这本书视为自己的老师,提醒自己时常拜读。他在书序中提到:"今有沙游天先生,将列公赠我指教我的诗文评论印成书册,好叫

图 1-14 沙大风(下)与荀慧生合影
来源:《天津商报画刊》1932 年第 4 卷第 8 期

小子天天手此一卷,拜读一过,列公赞我夸我的话我总要记在心里,争一口气,不要辜负列公这般的美意,从前那样管教我的师傅已不可再得,这本书仿佛就是我最厉害的师傅。"①书中沙大风撰写了三篇文章《盛极一时之战宛城》《梁宅采觞记》《荀慧生二度留音记》,评价荀慧生的技艺,更是亲撰《荀慧生小传》,"尤为雅人高士所乐道,声名益隆,居恒恂恂儒者,望之不审为伶工也,余喜顾曲,

① 沙游天编.白牡丹(留香集)[M].北京:京城印书局,1927:序(十二).

与慧生稔,爱书梗概,以备知慧生者之观览焉"①。沙大风希望通过这本书能够把苟慧生及其才华推荐给更多的人。

图 1-15 沙大风编辑的《白牡丹（留香集）》

自 28 岁进入《北洋画报》主持"戏剧专刊"后,沙大风更是找到了发挥才华的场所,不断发表剧评。这个时期他的文章多是对伶人的生平、掌故、剧目、技法等进行评论,包括对伶人的基本情况的论述,对伶人剧艺表演技法的评价等。除此以外,还有多篇文章成为当今学界研究戏曲史的重要文献资料,如《旧剧是否封建遗毒》一文。此外,沙大风在文章中多提出个人的戏曲思想和观点,比如《剧界之新趋势》《戏剧是平民的》《雅俗之判》等文章,他认为中国戏曲的本质是惩恶扬善,并致力于提升大众戏曲审美,让读者及戏迷更加明确雅俗戏曲的差异,还认为戏曲不应只是贵族的娱乐,传统戏曲能够得到普通大众的喜欢和欣赏才具有通俗性和观赏性。

---

① 沙游天编.白牡丹(留香集)[M].北京:京城印书局,1927:小传(一).

二、第二时期:办报过程中(1930 年至 1943 年)

沙大风对戏曲艺术的见解迈于常人,相比于其他天津著名报人,他在中国传统戏剧界的名气和影响也要略大一些。创办《天风报》之后,他将自己所办的报刊作为发表剧评的先锋阵地,与众多志同道合的主笔们一起研究、讨论戏曲,而这段时间也是他的创作最为丰富和集中的时间。据目前所掌握的资料,沙大风在1930 年至 1943 年的创作最为丰富。而这一时期又大致可细分为两个阶段。

第一个阶段是在《天风报》和《天风画报》做主笔和编辑期间,他的作品时常见诸报端,有署名为"大风"的文章一百余篇,还专门开辟了专栏"菊花锅"发表一系列剧评。文章内容包括对伶人技艺、对戏曲审美和戏曲改良的评论以及个人的戏剧观念等。第二个阶段是在《新天津画报》期间,沙大风除了继续写剧评,还撰写了《四大名旦之研究》系列文章,共有 21 篇,从多个方面介绍梅、程、荀、尚四人。这个时期沙大风的戏曲评论创作已经形成了一定体系,对"四大名旦"有了更深层次的挖掘。

经过阅读和整理后发现,沙大风撰写的戏曲评论文章题目清晰明了,内容具体丰富,主要表现为两种形式:一是"剧谈",此类形式或是对戏曲艺术进行理论上的总结,比如《戏中报名问题》《敬答这个问题》《捧与骂》等文章;或是针对某一剧目、某一伶人的具体评论,比如《谈金少山》《杨宝森》《长坂坡配角之今昔》等文章;或是针对当时天津戏剧界出现的一些现象所做出的评论,比如《义务戏之黑幕》《各影院剧馆杂要场均应奋起救国》《敬向诸大名角,为穷民请命》等文章。二是"戏评",主要是针对每日的舞台演出剧目做出评论,比如《今晚北洋尚小云之义剧》《观二马演胭脂褶》《记冬赈义演第一晚》等文章。

　　沙大风的戏曲思想是从他的文章和剧评中显现出来的,贯穿文章的始终。他非常看重人才,多次提出"角非不可捧,要在捧之有道",伶人要有真正的技艺,要实至名归而不是盗名欺世。沙大风还对当时戏曲界出现的一些状况、缺陷,甚至不良影响进行评论和分析,一些文章提出了如何改良这类戏曲。其中《国剧生命之将来》中写道:"国剧之所以无国剧,恐将日趋没落,其生命更将日益濒危,所望有识之士,共起挽救,提倡昔日教忠教孝之国剧,鼓舞伶人道德观念,改正国剧现有之缺憾。"①文章具体阐述了当时社会应该如何对待国剧,如何挽救国剧,文人应当积极传播有正义感、内容向上的国剧,伶人应当出演此类国剧。1938 年 12 月 14 日,他发表在《天风画报》上的文章《北京名伶排剧热》,以一种批判性的视角写出了北京名伶争强斗胜、互相竞争的状态,也提出应当如何改进此种状况。此外,沙大风还非常重视戏曲的改良问题,在《旧剧是否封建遗毒》中具体分析了人们对旧剧的传统观点,但他认为要追溯戏曲出现的渊源,而不是不明就里就将旧剧定性为"内容腐旧的封建遗物",更应该关注旧剧如何改良与创新,还提倡热衷于推进平剧发展的人士利用自己的能力来充实平剧在戏剧上的使命和功用,使旧剧焕发出新的一面,不至于因时代关系而受到落伍的讥评。他的戏曲剧评常常在报界内掀起波澜,经常一篇文章在报纸上刊出后,会有其他票友或主笔就其评论进行拓展,比如沙大风在《捧与骂》中认为剧界的捧角现象十分频繁,大部分人不愿意去批

---

① 　大风. 国剧生命之将来[N]. 天风画报,1938-09-05.

判,这种现象不利于戏曲的发展,对于戏曲该捧什么,该骂什么的,沙大风列出了自己的标准。这篇文章在当时剧界引起比较大的波动,陆续出现了《我对于捧与骂的建议》《影响戏剧最大的是观众》等几篇文章专门进行分析和讨论。这些文章为我们展现了一个多姿多彩的民国时期天津戏曲舞台。

图 1-16 沙大风(右)与孟小冬戏装合影

如果说进行戏曲评论还停留在传统戏剧的认识层面,那么沙大风在戏曲的实践层面也有诸多闪光之处。沙大风不仅喜欢评戏,自己还喜欢唱戏,水平甚至还不错。《新天津画报》曾特约王柱宇撰文,为沙大风写了一篇《沙大风之鲁肃》,侧面显示出沙大风的在戏剧唱工方面也有一定的造诣。王柱宇列举了民国时期京津地区爱好戏剧的新闻人士,但其中两人最让他钦佩,一位是扮演了曹操的、仅学艺四小时的陈重光,另一位就是扮演鲁肃的沙大风。他评价沙大风的唱工是"岸然名家,求之今日之内行,亦不可多得"①。沙大风还是当时天津、上海地区有名的票友,常常串演旧剧,演出水平也较高,甚至进行赈灾义演等活动。1939年8月华北水灾,新天津画报社为赈灾举办义演,从来不上台的沙大风就出演了刘备一角。可见戏曲在其生命中占有十分重要的地位。

三、第三时期:报纸停刊后(1944年以后)

新天津画报停刊后,沙大风离开天津南下去往上海工作,但笔耕不辍,仍然不断发表各类文章,甚至撰写剧本,同时也不曾停止在剧界的活动。

在沙大风的文艺创作后期,其戏曲评论内容更为成熟。由于他与梅花馆主郑子褒关系密切,常在郑子褒创办的《半月戏剧》上发表自己的文章,这个时期沙大风的笔名不再延用"大风",而是改为了"沙游天"。他根据自己前半生与各类京剧艺人的相处,发表了《吾怀古帽轩主》《张荣奎之艺术与生平》《冬皇外纪》《三十年来我所见到的余叔岩》等文章,更多描述他与曾经相处的著名京剧艺人之间的往事。此外,他依然对中国传统戏曲的发展发表着自己的建议,有文章《旧剧是否封建遗毒》《贵族化误了平剧 复兴平剧要先要求平剧发展》《上海戏剧界最近的一个奇迹》等。他积极参加剧界交流会,继续着自己的文艺创作。"天风三报"时期,沙大风即经常参加文人雅集,如与友人一起作诗"达士襟怀莫自怜,且倾松酿醉花前。闲身寄傲宁非福,古趣探源别有天。歌发云开千里

---

① 王柱宇.沙大风之鲁肃[N].新天津画报,1942-06-28.

月,吟阑廉挹一痕烟。知君近抱相如渴,夜夜文园久弄袿"①。报纸停刊后,他更多地赏画《题十三绝图》。由于多年在剧界的经验,加上在报界锻炼文笔,这个时期沙大风的剧评更加针砭时弊,总是能一针见血地指出问题,对伶人的总结也客观公正,在文艺创作中发挥着自己的艺术性。除此以外,沙大风还延续着自己的书法爱好。

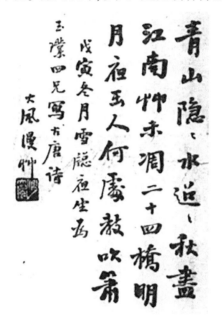

图 1-17 沙大风所写行书

沙大风在上海还参与了剧界众多的团体活动。1948 年 6 月 13 日,《大公报》上海报馆举行了以"平剧的前途"为主题的时事座谈会,会议邀请剧界大家出席,包括梅兰芳、周信芳等人,沙大风也列

---

① 沙大风,陈大汉.和沙游天兄五十书怀用步原韵[N].申报,1940-03-12.

席其中并发表了自己的观点:贵族化误了平剧,复兴平剧先要求平剧发展,更希望名角们到乡村演出。在文章中,他甚至提出梅兰芳也应该积极发挥自己的作用,去乡村演出向平民介绍中国传统戏曲艺术。10月9日,上海和鸣票社为研究京剧,发扬艺术,邀请沙大风在内的剧学专家苏少卿、徐慕云、金少刚、乔志钧、李克昌、赵桐珊、范石人等举行京剧座谈会,研究当时京剧的种种问题。

戏曲评论在中国传统戏剧艺术中的重要性是不言而喻的。从戏曲诞生至今,戏曲评论始终是引导和推动其发展的。优质的评论不仅能使艺人从中得到灵感,明确自己的优势和劣势,从而提升艺人的技艺,还能让观众从中提高自己的欣赏水平,寻找自己喜爱的戏曲作品,从而鉴别作品的优劣。沙大风的文艺创作大部分是针对中国传统戏剧界的戏曲评论,这些文章不论是对当时的戏曲创作,还是对今天的戏曲理论研究,都具有极高的参考价值。

第二章 《天风报》的创办背景与版面设置

报纸的创办背景往往受到政治、经济、社会、文化等因素的影响,本章阐述了这些基本因素,此外《天风报》的创办还受到天津地区小报发展的影响。作为民国时期天津报刊的一种发展形态,小报有其产生的现实意义。另外,这一章还重点阐述了《天风报》的版面设置,从小报和画报两个时期分别进行阐述。笔者通过翻阅现存的《天风报》原始文献,分别从排版、图片和广告三个方面总结出该报的版面特点。

第一节 《天风报》的创办背景

《天风报》是一份以"黑旋风"副刊为主导的文艺小报,其社长沙大风将这份报纸定义为"声誉最著,内容最美,华北唯一小报",更是赞美其"新闻不比大型报落后……名作如林,堪称华北唯一小型报纸","资格极老,声誉最著的文艺美化报纸"。① 作为一份小报,《天风报》能满足市民的全方位需求,让读者既能关注到国内重要新闻,还能了解本市社会新闻,更重要的是能满足市民消闲性和趣味性的需求。"天风三报"从 1930 年 2 月 20 日创刊至 1943 年 12 月 31 日结束,十四年风雨路,通过一次次改版和微调,在社长沙大风与其编辑部同人的共同努力下,逐步确定了这份报纸的内容价值和风格定位,初期的《天风报》甚至引领了天津创办小报的潮流。《天风报》之所以能够在民国时期天津的众多报刊中找准自己的定位,并在市民和读者中有一定的影响力,离不开以下几个方面的因素。

图 2-1《天风报》初创时期沙大风(左一)与其同人合影

来源:《天风报》1933 年 2 月 20 日

① 天风报彻底革新[N].大公报天津版,1936-02-29.

一、政治经济因素

近代百年看天津。天津作为中国北方贸易中心和重要的水陆交通枢纽,运输条件便利,经济发展迅速,还曾被人们称作"小扬州"来形容当时商业的繁盛。民国建立后,军阀掌权,内战频发,迫使当时的中国置身于政治动荡时期。而在天津,各种政治派别为了争夺舆论工具,促进了本地新闻事业的迅速发展。随着中原公司、劝业场两大百货商店的开业,天津社会日益繁华,这种繁华的现象也表现在新闻业上——天津成为华北新闻的中心。直到抗战前夕,天津新闻界进入鼎盛时期,此时除了《大公报》《庸报》《益世报》《天津商报》四家大报以外,"直至 1937 年抗日战争爆发前,天津的报业形成极盛时期……据不完全统计,在这一时期天津有大小报纸 50 余家,画报及周报 8 家,通讯社 20 余家,此外有广告社 30 余家,派报社 18 家,可谓盛极一时"①。当时各报社及通讯社,大部分以"民众喉舌"自居,内容多对外秉承"为新闻而新闻"的态度,实际上许多报纸都有其政治立场或其他经营目的,其中有些报纸是国民党人公开出头露面而创办的;有些暗地里与国民党勾结,表面上却是商业性质;有些则以球赛和赛马等特刊迎合读者需要……事物的发展往往呈现出曲折中前进的趋势,各类报刊争奇斗艳也从一定程度上使天津新闻事业的发展蒸蒸日上。

此外,租界的政治环境也提供了便利。天津开埠后,英、法、美、日、德、俄、奥、意、比九国相继在天津划定租界,租界总面积相当于天津旧城的八倍,租界内工业、商业、金融业比较发达,这为报

---

① 马艺.天津新闻传播史[M].天津:天津人民出版社,2015:55.

刊的产生提供了经济基础。《天风报》创刊于日租界福岛街（今多伦道），由于租界内部的统治相对比较宽容，因而在混乱的时局下为一些报刊的创办和发展提供了有利因素。其一，租界在天津扎根后，各国文化交融碰撞，西方文明迅速涌入天津市民的生活，出现了众多新奇多元的娱乐方式，比如西方话剧、魔术、影戏、电影、马戏、舞场等，这些娱乐项目为报纸内容提供了丰富的素材。其二，《天风报》所在的日租界有浓厚的文化氛围，日本统治者向来重视国民的教育问题，他们常常通过阅读报纸来关注时事，来华日本国民的文化素养相对较高，会阅读载有大量消息的报纸和杂志，这是他们日常文化生活的重要内容。其三，综合性副刊或文艺副刊中开始刊载小品、笔记、谐文等休闲性质的文字，而租界内的报人群体能够接触外界众多丰富的讯息，使副刊读者能够欣赏并支付文艺报纸这种不同于常规报纸所带来的新鲜讯息。①

二、社会文化因素

（1）大众娱乐以传播戏剧为主

清末民初，大众报刊媒体开始出现，而这些报刊最初与民众日常娱乐生活的联系，就是大量刊登戏剧演出动态以及相关的评论，尤其进入20世纪20年代以后，以刊载中国传统戏曲为主要内容的戏剧报刊步入兴盛阶段。这个时期的中国戏剧发生重大转折，从19世纪末的戏剧改良运动，到新戏的出现；从"五四"期间关于旧戏与新戏的大辩论，到梅兰芳出国演出、交流所带来的文化自信；

---

① 俞志厚.1927年至抗战前天津新闻界概况[J].新闻研究资料,1982(4):178-208.

再从从前国剧运动的曲折,到今天戏剧艺术的繁荣……纵观中国戏剧艺术的发展历程,以报纸为代表的现代传播媒介在其中起到了至关重要的作用,有关戏曲演出的剧照、相关新闻讯息、戏剧评论等借助报纸媒介得以广泛宣传,这不仅极大地推动了戏剧的普及与发展,还打破了中国传统戏剧艺术原有的传播与接受方式。整个民国时期是传统戏剧艺术繁荣发展的重要历史阶段,大致表现为传统戏剧大师涌现、各种流派纷呈、戏剧剧目种类与数量繁多等特点。舞台上名班名角名剧异彩纷呈,同时舞台下各大报刊媒体的宣传报道也形成了一场又一场无声的擂台赛。平津一带是戏剧、大鼓、相声等传统曲艺发展的地方,也有良好的受众群体,此时将传统戏剧纳入报刊中,正好适应了地方特色和时代氛围,一些报纸便纷纷开辟出戏剧栏目、戏剧版面或戏剧专刊。随着北平、上海、天津等地相继出现了一系列以戏剧为主的综合性报刊,《天风报》也跟随这股潮流,确定了以中国传统戏剧为重点的特色,辅之以新闻、广告、评论、杂记、剧评等多种文体,记录当时天津乃至全国戏剧演出的盛况。也可以看出,小报和画报、副刊是研究民国时期中国传统戏剧艺人发展及演出状况的一个独特视角。

(2)天津北派通俗小说的发展

北伐成功后,南京国民政府统治下的中国进入一个相对和平的阶段,经济恢复发展,市民的教育水平提高,人们的阅读需求开始提升,以北平和天津为中心、以天津北派通俗小说为主的北方通俗文学就发展起来了,这主要受作者和读者两个方面的推动。天津报业以副刊上的文学作品最多,如《新天津晚报》《中南报》《评报》等报纸开始大量刊登通俗作家的小说,而作者除了通俗小说家外,一些编辑人员如王受生、吴秋尘、李燃犀等也开始进行文学创作。天津通俗小说之所以繁荣，与这些作家的出身和经历有密不可分的关系。这些被称为"报人作家"的作者往往生活经验丰富，体验过社会的人情冷暖，而且很多人担任过报纸的编辑工作，文字功底扎实，又善于与人交往，有丰富的素材，这些都有利于进行文学和小说的创作。另外，读者的需求也是促进因素之一。天津从城市形成之初依靠着水陆码头的供给，贩夫走卒、引车卖浆者休息之余的消遣方式就是看言情和武侠小说，因此小说阅读的市场需求庞大；另外，长时期受河海文化孕育，天津人呈现了开放包容、豪爽热情、敢爱敢恨的地域性格特点，使得武侠小说中肝胆侠义的英雄人物就很受天津市民的欢迎。这样一来，作家创作与读者需求两方面互相结合，共同推动了天津通俗小说的兴盛。①画报、通俗文学期刊开始纷纷开辟专门的页面和专栏来刊载文学作品以丰富市民文化。

三、天津小报的发展

民国时期的天津报刊呈现出了以下三种形态。第一种是大型政党报刊，它们中有的是国民党人抛头露面公开创办的，有的坚持着自己的政治立场，还有的被日本特务收买、勾结各派势力牟私利。其中正面影响最大的报刊是英敛之创办的《大公报》和雷鸣远创办的《益世报》。《大公报》有明确的"不党、不卖、不私、不盲"四不方针，公正超然；《益世报》站在民众立场，为社会发声，始终抵抗国民党的腐败统治，反对帝国主义的侵略，坚决地捍卫国家主权；

----

① 周雨婷.双面"津味"：以《北洋画报》与刘云若小说为中心[D].苏州：苏州大学,2015.

作为天津第三大报的《庸报》，虽然后期不幸沦为日伪报刊，但《庸报》在华北地区仍是一份有重要影响力的日报。第二种报刊形态是画报，画报上多刊登照片和图画等图像内容，形式以图片为主、文字为辅，形象生动，颇受市民喜爱。其中有被称为"北方巨擘"的《北洋画报》，有天津第一家电影画报《银线画报》，还有《醒时画报》《风月画报》《三六九画报》等。第三种报刊形态便是小型报纸。在大型日报充当着政治舆论工具的时候，各种不起眼的小报纷纷扮演起作为市民生活调味剂的角色。它们有的专为商界服务，如王镂冰创办的《商报》；有的为文艺性质，多连载小说和戏评，如刘霁岚创办的《评报》、杨绍林创办的《国强报》和刘震中创办的《博陵报》。但由于这些小报的印刷规模小，组织机构不够完善，所以不久就被读者遗忘，从而逐渐淡出读者视野，退出了市场。这类昙花一现的报纸很多，像《快报》《民风报》《现世》《新报》都是如此。① 而天津是全国继上海和北京两个城市后，小报最多的城市。在天津，1927 年到 1937 年间仅小报这一类就先后有三十余种，但这一时期的小报均以市民消闲为主。1937 年开始，天津出现了油印小报，民国的天津小报也进入了下一个阶段。

七七事变后，天津新闻传播业遭到日军的干涉和摧残，一些抗日色彩浓重的报纸纷纷被迫停刊，人们所能接收到消息的电台、报纸、期刊等都是由日伪政府审核批准过后才能发布的，题材千篇一律，失去真实性，人们也失去了阅读的兴趣。这时出现了秘密发行的油印小报，无形中打破了日军对消息的封锁，"这种出版物，有共

---

① 周雨婷. 双面"津味"：以《北洋画报》与刘云若小说为中心［D］. 苏州：苏州大学，2015.

产党人创办的,还有不少是群众自发办起来的,包括学生、工人、妇女,文化界、教育界、新闻界的爱国人士。这些办报人,均利用当时天津租界的特殊条件,从抗战初期到 1938 年间先后编印出来而出现在街头的"[1],包括《妇女》《实录》《长城》《炼铁工》《北方周刊》《生存》《电稿》《张雅轩纪事》《时事纪闻》《纪事报》等三十多种。这些小报宣传爱国抗日消息,揭露日军侵华的罪行,一些报纸还出了特刊和号外,在社会上发行后,极大地鼓舞了人民抗战的斗志。但由于抗战时期社会环境的险恶,大多抗日油印小报没能保存下来,但其与中国共产党天津党组织的新闻报刊共同发挥作用,在天津制造了抗日的舆论压力,不仅打击了日军侵略者的嚣张气焰,还为抗战最后的胜利贡献了足够的力量。

"天风三报"自始至终都延续着小报的内在性质,虽然后期其政治立场出现一定偏差,但《天风报》对于天津小报事业发展的积极影响还是可圈可点的。

第二节 《天风报》的版面设置

《天风报》的版面设置秉承以读者为中心的理念,也曾因为读者的阅读习惯和需求进行改版。比如《天风报》曾在 1932 年 3 月 2 日刊登改版启示,向读者申明此次改版的原因:由于本来的小说刊是双面印刷,为了方便读者剪贴保存小说,报纸决定取消小说刊,将各类小说印在原来的社会版,将社会新闻移到要闻版下面,并缩小了原有的广告占位,"新闻并未减少,副刊尤丝毫不动,以保固有

---

① 马艺.天津新闻传播史[M].天津:天津人民出版社,2015:393.

精神而副读者雅爱之意"。第二天,报纸版面果然改变,减免了大部分广告,将一些剧界消息也放在要闻版,报纸由原来的两大张又改为一大张,形成了新闻、小说、戏剧为主,辅以广告的版面格局。

一、版式设置

(1)小报时期

作为一份典型性的小报,《天风报》最初的版面格局也是一张四开纸,每日发行,白底黑字,正反两面,每期四版,竖排繁体字由右向左编排。但《天风报》与其他小报在版面上所区别的一点是,该报每期不是其他报纸所呈现出中规中矩的 4 个版面,而是把第 2 版和第 3 版合二为一,所以总体来说仅有 3 个版面,这 3 个版面分别是要闻版、社会版和副刊"黑旋风",其中"黑旋风"占完整的一面,用李逵的图片形象来表示。《天风报》选材十分丰富,包括新闻、电影、杂谈、戏剧、小说、广告等几种门类,要闻版主要登载国内要闻、重大事件,有"要闻简讯",有时会根据新闻发出一则"时事小评";社会版刊载天津政府事务和本地社会新闻,篇幅较小,题名"社会花絮"。要闻版和社会版包括新闻、广告、杂谈等,内容从地理历史知识到社会时事热点都有囊括。戏剧以及大部分杂谈、时评多发在副刊"黑旋风"上,这一版面还会通告各类电影、剧院的场次等信息,除此以外还有各类连载小说,包括社会小说、长篇通俗小说、言情小说、武侠小说等,每日另有一段戏评,还刊载讣告、谜语、各类常识等市民经常关注的信息。由于之前在《天津商报》副刊"游艺场"的编辑经历,初创时的"黑旋风"版面设置与"游艺场"十分相似,比如"黑旋风"的"风闻"栏目与"游艺场"中"剧场消息"栏目的内容和风格设置几乎完全相同,可以看出早期编辑经历对沙大风的影响。1932年初报纸增设了"小说刊",将刊载的小说移在第二张四开纸上,但因为读者反映强烈,不久又将报纸改版为原先的状态,小说部分放置在社会版。

就新闻的标题来说,"标题是版面上最先进入读者眼睛的文字,从心理学上说,也是最先给予读者的刺激物"①。标题就如同报纸的窗口,使人一眼读上去就知道内容是否感兴趣。好的新闻标题简洁明了能够瞬间抓住读者的目光,从而吸引读者有继续读下去的兴趣,"编辑部在制作一条标题时,从什么角度作题,把新闻中的哪些内容突出在标题上,这都表示了编辑部对这条新闻的态度"②。《天风报》的标题一直是以简洁明了为主要原则,从标题就能了解到内容重点。要闻版的政治时事类标题一般字体较大,比较直观,用词简单扼要,主旨在于陈述新闻事实,用醒目的几个大字说明主题,比如《日军在南京行正式入城礼》;社会新闻类多利用读者的猎奇心态来取名,比如《活取眼珠》;花边新闻类标题多具有俗艳色彩,很容易引起读者的好奇心,与现代报纸上的明星绯闻、八卦炒作十分相似,都具有很强的娱乐性,善于采用低级趣味的形容方法,比如用《三角恋爱》这一类引人注目的标题。而《天风报》最具特色的是每个大标题下面左侧(按照从右向左的阅读习惯),都有一行比标题字号略小的字体来大概陈述新闻内容,类似于今日新闻的副标题,主次分明。这样设置标题,一方面起到索引的作用,是读者选择新闻的依据,另一方面起到了提要的作用,读者可

① 沈史明.小型报纸的基本知识[M].北京:中国人民大学出版社,1984:58.

② 沈史明.小型报纸的基本知识[M].北京:中国人民大学出版社,1984:60.

以不读全文仅阅读题目也能大概了解新闻的内容,可见编者的用意之深。比如上述《日军在南京行正式入城礼》后接"日海军司令官发表重要演说",《活取眼珠》后接"赌是祸根",《三角恋爱》后接"结果一棍打来"。副刊"黑旋风"独自作为一个大的整版,版面自然要风格统一,编辑用花边边框将文章之间隔离开来,每篇文章的标题前都有一个黑色正方形作为提示,类似于现代排版的"项目符号",紧接着标题的下方标明作者名称,并用黑点重点表示,类似于现代排版的"重点"符号,既起到装饰作用,又起到插画作用。总体来看,这个版面的视觉形象更加丰富,而整个报纸作为小报来说版面设置比较生动活泼。

(2)画报时期

"天风三报"的辉煌时期是1939年到1941年6月份的《新天津画报》这一阶段。这个时期报纸分为八个版面,因为各个不同的版面内容而熠熠生辉。此时的《新天津画报》既保存了《天风报》的精华,又还未受到后期政治倾向方面的污染,还创新出画报的典型特点。沙大风作为社长,带领着编辑们共同在这个园地里创造了"天风三报"的巅峰时期。经常投稿作者有梦秋生、梅花生、太玄、鲁道人、冷堪、瓶子、娱园老人、(张)聊公、太痴、巴人等。编辑也在各个领域里大放异彩,比如第二版戏剧版主编刘炎臣,不仅在"歌场杂谈"上发表文章,还开辟了"剧坛动态"专栏;曹公豫(笔名弓羽)主编第三版电影;莲子主编第五版舞场,开辟出"舞场杂谈"专栏;魏病侠主编第六版文艺美术,还负责副刊"黑旋风";黛孙为第七版花事主编,上达为第八版善业主编,还有王敏是家庭版主编。第四版则整版为广告。此外,1940年10月21日,报纸增设了"学生版",该版编辑感受到学生群体读报的需要,专门开辟这一版面,要求稿件为"青年问题讨论、学校新闻、学生生活素描、球赛通讯、优秀同学介绍、关于学生生活的漫画、文艺作品"。虽然当时天津有几家报纸都开辟了"学生版",但只是冠以"学生"二字,内容多是文艺作品,因此有读者来稿称赞:"本报每日为学生辟一块园地,实为津市首创。"①此时的《新天津画报》达到创办以来的巅峰状态,稿件纷至沓来,作者们在各个版面畅所欲言,整张报纸呈现出朝气蓬勃的状态。

二、图片设置

在一份报纸中,图片最基本的作用就是"活跃和美化版面,使版面显得热闹,增加阅读兴趣"②。由于小报和画报的普遍受众群体为普通的市井小民,他们习惯于作形象思维而较少有逻辑思维,而图片正是提供视觉形象的好素材,可以帮助读者加深理解文字的内容,可以渲染烘托事件的气氛,还可以增加报道的说服力。"图解、插图或照片,一般都比占有同样面积的印刷文字具有更多的信息。"③《天风报》的图片多在广告和副刊上,而副刊图片又分为两类:漫画和照片。在用纸方面,为了让读者对报纸的图片有更加舒适的感受,《天风画报》使用了当时最好的道林纸精印,道林纸是民国时期书刊用纸中的高档货,放在今天来看,影印出来的《天风画报》不论是文字还是图片仍然"历久犹新"。

---

① 明波.贺学生版创刊[N].新天津画报,1940-10-26.
② 沈史明.小型报纸的基本知识[M].北京:中国人民大学出版社,1984:12.
③ 沈史明.小型报纸的基本知识[M].北京:中国人民大学出版社,1984:13.

　　《天风报》上所刊载的漫画多是用来讽刺社会现状的单幅漫画,用夸张的绘画技巧来含沙射影,希望看到漫画的读者能够明白画中所表达的讽刺意味:"阅其画者,如闻暮鼓晨钟,当头棒喝,当此国人睡兴正浓,便唤醒同胞迷梦。"1936 年 11 月开始,"黑旋风"版面每周增加四格漫画,讽刺时事,反映社会生活,其中有陈震作的"屠二爷"系列,还有著名漫画家朋弟的"老夫子"系列。此外,在要闻版还穿插过一些社会人物的头像简笔画。

图 2-2《天风报》部分漫画

来源:《天风报》1933 年 3 月 1 日

　　漫画中最值得一提的是朋弟所创作的作品。朋弟,原名冯棣,1907 年生于四川成都,1919 年考入四川国立成都师范大学艺术系,1930 年考入上海艺术专科学校西洋画系。1938 年开始,其连环漫画《老夫了》在《天风画报》上连载;1942 年,朋弟的第三部漫画作品《阿摩林》在天津《庸报》上连载。其画风多反映都市最底层人民的生活,具有鲜明的民族特色,人物刻画也非常细腻。除了"老夫子"的形象,朋弟还在《新天津画报》上创造了"摩登先生"。他的漫画作品在天津各大报纸上发表后深受读者的喜爱,随后发行了单行本,销路也很好。但古往今来作家的版权保护问题始终存在,从民国时期不法书贩倒卖朋弟的盗版漫画,到现代天津著名作家冯骥才为朋弟作品"被模仿"打抱不平,都说明朋弟的漫画作品十分受读者推崇。

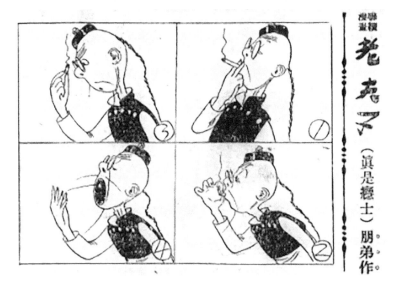

图 2-3 朋弟《老夫子》系列漫画

来源:《天风画报》1938 年 12 月 31 日

　　照片比起文字更能直白地表现出人物或事物的特点和外在细节,具有直观感、清晰感、形象感等特点。《天风报》的照片主要是利用名人效应进行宣传,比起单一的文字描写,照片所带来的视觉影响更加具有说服力。"黑旋风"每期居中部分都要刊登一张照片,照片的类型多涉及名伶、明星、名交际花、名票友和戏剧剧照。"黑旋风"善于用"名人效应"去"装门面",为报刊做了无形的广告,这样不仅降低了报纸的商业色彩、强化了娱乐性,还让报纸更加贴近市民的生活,满足了一般读者的阅读期待。除此以外,一部分照片涉及当时热点社会事件,如"溥仪夫妇""冯庸大学之义勇军"等。难得的是,《天风报》对照片的印刷质量十分重视,即使在当时印刷条件不是十分发达的情况下,依然保证照片印刷的清晰和精美,一些读者甚至将报纸照片剪下自己收藏,或者将整张报纸收藏起来。可见照片也吸引了一部分的读者,这也是后期沙大风将报纸的外观形式改为画报的动力之一。

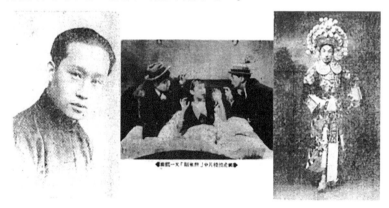

图2-4 《天风报》部分照片

既然照片常在"黑旋风"刊登,累积起来的数量自然十分庞大。"黑旋风"上的每张照片都会配备文字,让读者一目了然。笔者总结了这些照片的类型,主要分为以下几类:

第一类:各种名伶的个人照、合影、戏装照。此种类别的照片最多,有直接以人物名字命名的,比如"王少楼""张桂芳""赵柚云";还有向读者介绍名伶类别的,比如"名须生顾兰孙""名坤伶白素莲""名武生韩长宝""坤伶魁首之杜丽云";还有人物的戏装照,比如"今日出演春和之名坤旦陆素娟戏影""名净李春恒剧像""杨氏双菊合影""名坤伶白素莲戏装照"等。

第二类是票友照片。这个类别是为了展示票友,一些喜欢看剧论剧票友会将自己的戏装照寄往报社,编辑也同样会根据其特点标注说明。比如有"诗人李释戡先生剧照""名票胡苹秋君女装倩影""唐山小票友刘卜屏女士倩影""戏曲学校著名女生花衫冯金美便装倩影""名票莫敬一"等。

第三类是戏剧剧照。这类往往为《天风报》记者在各大戏院看戏时所摄照片,多表现一部剧最经典的瞬间,有"李万春蓝月春之两将军""日本东京中国留学生同学会演国剧'捉放曹之舞台'""大观园演出'天河配'之一幕""周瑞安'恶虎村'戏照""梅花歌剧团七情诱戏唐僧一幕"等。

第四类是国内明星照片。明星照片是为了满足市民的娱乐性需求,一些市民十分关注当红影星,会收集报纸上的相关照片,类似于今天的"追星"现象。为了满足这类读者的需求,《天风报》刊登了一批女明星的精美照片,有"明星公司女星夏佩珍""胡蝶""天津交际明星朱静宜""女影星陈玉梅"等。

第五类是名妓、名交际花的照片。此项类别在报纸的总体照片分量中也占据了一部分,其中刊登过"津市女招待陈艳秋""沽上名妓花明珠老九""名花李俊卿老二""名妓李俊卿""名花王素珍"等。

第六类是热点社会事件的配图。大报的新闻报道往往配照片进行图解,小报因为篇幅的限制,对新闻的图片报道不是很多,但《天风报》会刊载当时社会上出现的热点事件和热点人物的照片,比如"沽上哄传一时婚变案中主角张彩云""溥仪夫妇""冯庸大学之义勇军""梅兰芳与其夫人福芝芳"等。

第七类是其他文艺类作品的照片。这类照片大多不涉及人,而是与物品有关。比如"金拱北先生牡丹遗墨""'珠帘暮卷西山雨'之滕王阁西山""木刻作品英国波士顿美术家弗玲第女士木刻杰作""国术名人录作者金警钟君舞颠倒八仙剑姿势""袁寒云先生画松遗墨""银星高倩苹郑小秋之'爱与死'摄影"等。此类照片中出现比较多的是美术作品的摄影。

三、广告设置

商业广告是商品经济的产物,有了商品和商业,就非利用广告不可。小报广告是报馆盈利的最主要手段,而广告在版面上占据的比例也在一定程度上反映出这份小报的市场占有率。天津作为一个华洋杂处的移民城市,既有摩登风尚之形,又有市井民风之味,商业比较发达,因此民国时期有很大的广告需求,是社会经济发展下的产物。发布在《天风报》上的广告类型也十分广泛,包括商务类广告,涉及金融、机械、服饰、医药、化妆品、餐饮食品等,其中《天风报》上医药类广告占比较多。到了后期,各类银行、奖券、金银珠宝广告也充斥其中。社会类广告包括法律、慈善、寻人启事、介绍婚姻等。文化类广告有学校教育、戏剧影院舞场等,其中明星戏院、中国戏院、巴黎舞场、中原公司等天津几家大型戏院和公司,更是《天风报》的长期广告客户。交通类有火车、轮船、汽车时刻表等。

除了经济属性,广告的文化属性也不可忽略。报刊上所呈现的广告能反映一个地区甚至一个时代的文化价值观,邹韬奋就认为,从一定程度上,广告可以反映一份报纸、一份刊物中的思想内涵。总体来看,《天风报》的广告设置多偏向于与"健康"有关的医药类广告,沙大风有时还会发布启事,向读者介绍他所认识、了解的医生。除此之外进行"新书推介"的广告,以丰富市民精神文化生活;介绍美食、餐厅的广告,不仅包括中餐,还有很多西式餐厅和菜肴,也体现出当时社会大众丰富的休闲活动;以及娱乐类广告,主要涉及传统戏剧和伶人的演出推介,与戏剧版面相辅相成。

在排版方面,由于种类繁多,广告在各个版面都有分布。《天风报》的广告排版也比较讲究,既不能喧宾夺主抢了报纸的主要内容,也要引起读者的注意。1930 年至 1938 年《天风报》各个类型的广告在各个版面的分布比较固定,这是因为同种类型的广告被归纳在同一个版面和栏目中,方便读者比较和记忆。要闻版的广告围绕在报头"天风报"三个字的两侧,多刊登报馆启示、招募广告和商业广告。而社会版广告占据下方版面二分之一,多为药品广告和戏院资讯。副刊"黑旋风"的广告则围绕在主要内容的四周,各类型均有涉及,较为复杂,既没有占据主要版面,又让人感觉新颖,读报空闲之余便能一眼注意到广告的内容。这一版块广告的风格设置,自始至终没有改变过。1939 年至 1943 年的《天风画报》和《新天津画报》,则为广告留出了一个整版的位置。

第三章 《天风报》的内容分析

　　根据掌握到的文献资料,笔者对《天风报》的文献资料进行文本分析后,将本章分为以下几点内容。首先,分别从该报的社会性、文学性、艺术性和娱乐性四个方面阐述其内容特点。其次,分析在《天风报》工作过的重要编辑,同时也是报纸的主要撰稿人,其中有刘云若、李寿民、何海鸣、姚灵犀等人,他们的名字、文章时常见诸报端,与沙大风一起经营着这份报纸,可以说"天风三报"的传播也有他们的功劳。最后一部分是介绍《天风报》的副刊"黑旋风",这是该报的精华所在,也是报纸的标志性内容,从创刊到停刊,其他版面均有所变动,但"黑旋风"始终存在,笔者分别从其内容特点、图片形象和社会评价三个方面进行阐述。

第一节 《天风报》的内容特点

　　关于社会性,《天风报》表现出民国时期天津的双面地方特色,既包括五光十色的市民生活,又体现出乱世的黑暗面;文学性则重点突出了该报推出的几个名小说家,总结出十四年间在该报发表的三十部长篇小说,其中不乏通俗文学史上的名作,比如刘云若的《春风回梦记》《情海归帆》《旧巷斜阳》《粉黛江湖》,"中国武侠小说之王"还珠楼主的《蜀山剑侠传》、徐春羽的《粉梨花》、戴愚庵的《花市春柔记》、郑证因的《女侠黑龙姑》等脍炙人口的作品;艺术性主要体现在传播戏曲艺术上,传播的内在思想与办报宗旨一致。即提升国民审美、传播中华文化和传统美德;娱乐性表现在解放人民思想、传播新式娱乐方面,增添读者见闻和乐趣的同时,也体现了作为一份文艺报纸的本质属性。

一、社会性:反映津门特色,呈现双面天津

民国时期的大型城市有南京、上海、北平、广州、武汉、天津等。上海作为港口城市,几乎融合了世界各地的文化,逐渐发展为一个大型现代化都市,商业氛围十分浓重;北平作为曾经的政治中心,在掌握国家政权中心的同时,逐步发展着经济和教育;由于特殊的地理位置,天津作为北京门户,有寓居的遗老遗少,还有很多聚居于此的军阀、政界要人,比如梁启超、曹锟、冯国璋、汤玉麟等。而作为一个同上海一样的港口城市,天津又融合着浓厚的商业氛围,九国租界的设立使得天津文化更为复杂。因此,天津文化是由租界文化、码头文化、市井文化、民俗文化等各类文化因子共同孕育的,正是在这种兼容并蓄的环境下,天津才产生了独特的城市文化。《天风报》从报纸的字里行间展示出不同于其他城市的津门特色,为读者呈现出双面的天津形象。民国时期的天津正处于城市发展的转型时期,既有中西文化的碰撞,也有雅俗文化的交融,还有社会中光明面与黑暗面的反差。一方面,《天风报》展现了天津五光十色、兼收并蓄的城市文化现象;在衣食住行方面,具有一种

都市小资情调,人们可以穿西式礼服,在大华饭店的屋顶花园、起士林西餐厅等众多高档餐厅喝咖啡、吃西餐、跳舞,住五大道的别墅区,逛法兰西公园,驾驶雷诺汽车;也可以穿着长袍马褂,在街边糕点店吃中式糕点、住大杂院,坐黄包车;既有租界内的洋楼林立,也有南市"三不管"地区的嘈杂市场。这样的"津味"文化融合着多种文化之间的碰撞。另一方面,如果说《天风报》时期的报纸内容中涉及全国各地时事新闻,那么《新天津画报》创办以后,报纸更加明确了自己的地位,是一份地方通俗性报纸,内容多包含天津本地消息。如专栏"天津风俗通",专门用来向读者介绍天津地方风俗,婚丧嫁娶均有所涉及。这些文化特色通常在《天风报》的广告、随笔、杂文中有所体现。报纸就曾在 1937 年 4 月 15 日开辟"西沽游春纪念专页",记录了编辑们眼中的天津西沽。除了天津本市新闻外,该报中还有一些常见文章也与天津本地特色有关,如介绍天津手艺泥人张、魏家风筝,或者介绍天津饮食、天津方言等,为现代读者还原了一个地道的天津。此外,一些小说和文章紧贴当时天津的地域特征,展示了当时的家庭习俗和社会风俗。

除了城市中光鲜亮丽的一面,报纸还展示了民国天津社会的黑暗面。天津军阀混战时期,各路军阀出于各种目的争夺地区统治权,搜刮当地百姓,《天风报》的一系列文章纷纷指出了黑暗的政治环境和低劣的底层环境。报纸还刊出专页介绍天津的大事记,如 1938 年 7 月 29 日,刊发了"津变周年纪念专页",纪念一年前的七二九天津事变,向读者展示了一个处在阴影下的天津。而天津底层市民的生活状态如津门混混、底层娼妓、世俗贫民等内容,多在报纸的小说中表现。1941 年《新天津画报》沦为日伪报刊后,第一版多宣传日军在天津地区的行径,虽然美化了一些内容,但作为当时少数几份能够继续发刊的报纸,也让现代研究者们见证到当时天津的处境。

在表现社会性方面,《天风报》主要从两个方面展示天津,呈现出了一个"双面"的地域形象,这样的呈现也使这座城市的形象更加丰满和立体。该报记录天津的城市文化发展,记载市民丰富的休闲活动的同时,也向我们传递出一个栩栩如生的民国天津城市形象,因此对这份报纸内容的挖掘也可为相关领域的研究提供文献资料。

二、文学性:培养名小说家,鼓吹通俗小说

从中国近代史的报刊来看,小报是主要的文艺阵地,中国近代很多小说都是在小报上连载才得以向民众传播的。"日刊时代的小报,仍注意社会新闻,但身边文学和小说成了小报的主要内容,许多小报大量登载小说和小品,一张四开报纸,长篇多至十数篇,触目皆是,小品专栏更是随处可见。"[①]在《天风报》出版的十四年时间里,共连载三十部长篇通俗小说,其中半数以上是社会言情小说和武侠小说。与一些小报不分内容好坏一律刊载的行为不同,《天风报》的小说往往一连载就好几年,并且质量上乘,反响不俗,但也有很多读者写信要求更新。这些通俗小说具有浓郁的天津地方特色和市井文化风俗,比如刘云若常在小说中加入地域元素,如天津特有的"万象归哏"的相声艺术,还加入京韵大鼓、梅花大鼓等民间曲艺的描写。自《天风报》开始,小报上发表的小说使天津通俗小说的面貌发生了深刻变化,《天风报》的出现可以说代表着津

① 孟兆臣.中国近代小报史[M].北京:社会科学文献出版社.2005:23.

派小说的崛起,也开启了北派言情小说的潮流。范伯群就曾阐明《天风报》在中国通俗小说界的地位:"随着《天风报》的创刊,已趋衰败的民国通俗小说创作,在天津活跃起来,最终成为与上海并称的民国通俗小说的活动中心之一。"①正是《天风报》的出现和发展,使天津的通俗小说在北方迅速崛起,能最终成为区别于上海"南派"并与之相抗衡的"北派"通俗小说。由于这些小说多是在副刊上进行刊载的,所以在中国文学界,副刊"黑旋风"甚至比《天风报》本身要出名许多,"因为许多现代日常的文化生活是以阅读副刊为乐事的,甚至事实上某些副刊的集合也可构成所谓的文坛。副刊推动和加速了文学内容、题材、风格、流派改变、创新的节奏和周期。副刊通过'无形'的编辑与调动,使'时代''潮流''时代精神'和副刊一道流行起来"②。通俗小说在副刊上连载有其内在的原因。郭武群就认为副刊凭借其独特的传播方式和传播空间,对现代文学的生成发展和生态格局的形成做出了特殊的贡献,既给现代文学留出了充分的发展条件和舞台,又直接或间接地引导、支配、规范、制约着现代文学的发展方向,一些有社会责任感的文学作家都非常看重文艺副刊的编辑工作,十分重视副刊这块文学园地的建设。③

总结《天风报》自创刊以来连载的小说,类型十分丰富,有武侠

① 范伯群.中国近现代通俗文学史(上卷)[M].南京:江苏教育出版社.2010:317.

② 谭云明.浅谈报纸副刊与现代文学的整合[J].湖南第一师范学报,2002(2):10.

③ 郭武群.民国报纸文艺副刊的相对独立性[J].天津大学学报(社会科学版),2007(2):177-180.

小说、言情小说、倡门小说、社会小说等,作者们以自己不同的文学风格,呈现了20世纪三四十年代天津人民的真实生活,形成了独具特色的"津派"小说,也充实和发展了北派通俗小说的阵营。《天风报》因两部作品而声名鹊起,即刘云若的《春风回梦记》和还珠楼主的《蜀山剑侠传》,这两部作品分别被推为民国通俗文学言情小说和武侠小说的代表作。其余大部分小说类型为武侠小说和社会长篇小说,其中武侠小说最为出名,郑证因、还珠楼主、戴愚庵、徐春羽等"北派"名家均有作品发表在该报上。笔者将在《天风报》上连载过的小说整理成如下表格。

表3—1《天风报》的连载小说

编号	作者	名称	类型	出现报纸	创作时间
1	薰风	人海莺苍录	社会小说	天风报	1930 年
2	逸盦	洛河血腥录	社会小说	天风报	1932 年
3		水月昙花	社会长篇	天风报	1931—1933 年
4	陈慎言	新旧爱潮	社会长篇	天风报	1932 年
5		春风回梦记	言情小说	天风报	1930 年
6	刘云若	情海归帆	社会言情长篇	天风报	1936—1942 年
7		旧巷斜阳	社会长篇	天风画报	1938—1942 年
8		粉黛江湖	社会长篇	新天津画报	1943 年
9	还珠楼主	蜀山剑侠传	武侠小说	天风报	1932—1939 年
10		此中人	倡门小说	天风报	1931 年
11		此中人(续集)	倡门小说	天风报	1931—1933 年
12	何海鸣	青黄时代	倡门小说	天风报	1933—1934 年
13		往来冠盖	倡门小说	天风报	1934—1935 年
14		湖海平生	社会长篇	天风报	1932 年

编号	作者	名称	类型	出现报纸	创作时间
15	老戆	山东绿林豪侠传	武侠小说	天风报	1932 年
16	藤广	翠幻香消录	社会长篇	天风报	1935 年
17	夏冰	当炉艳乘	女侍艳史	天风报	1936—1937 年
18	力行	明末忠烈传	民族英雄	天风报	1937 年
19	藏一	香光室偶忆	社会长篇	天风报	1937 年
20	古本	飞龙传	社会长篇	天风报	1937—1938 年
21	徐春羽	粉梨花	社会长篇	天风报	1938 年
22		风虎云龙志	武侠长篇	新天津画报	1942 年
23	戴愚庵	花市春柔记	社会长篇	天风画报	1938—1939 年
24		爱箭情弓	社会小说	新天津画报	1939—1942 年
25	王敏(译)	如此人生	长篇小说	天风画报	1938—1939 年
26	赵焕亭	白莲剑影记	武侠长篇	天风画报	1939—1942 年
27	月明楼主	紫藤萝	社会言情小说	新天津画报	1939—1940 年
28		陆地神仙	社会写情	新天津画报	1940—1941 年
29		硬性男儿	社会小说	新天津画报	1941—1942 年
30	郑证因	女侠黑龙姑	武侠长篇小说	新天津画报	1942 年始

其中还珠楼主所创作的《蜀山剑侠传》,在《天风报》连载了七年,《天风报》见证了这部作品从不为人知到名声大噪的全部过程,这部作品也是通过《天风报》挖掘才能呈现在世人的眼前。由此可见,优秀的作品是可以互相成就的。而自还珠楼主的作品一炮打红后,武侠小说这一类型开始如雨后春笋般大量出现,光是《天风报》上就出现了如老戆的《山东绿林豪侠传》、徐春羽的《风虎云龙

志》、赵焕亭的《白莲剑影记》、郑证因的《女侠黑龙姑》等武侠作品，同样深受读者好评。《蜀山剑侠传》总计写了有五百多万字，创作时间长达十八年之久，书中充斥着大量绝美的风景描述，再加上奇幻想象的艺术特色、"儒释道合一"的文化精髓、超越生命的人生哲学，使无数读者为其"折腰"，并轰动海内外，在20世纪三四十年代掀起了一股"蜀山潮"。该书自出现以来经久不衰，直到今天依然是武侠小说界的执牛耳者，是中国古典文化的集大成之作，被称为"当世有奇幻、武侠小说的灵感宝库""仙侠鼻祖""武侠宗师"，影响了一大批武侠作家，被称为"新武侠四大宗师"的金庸、古龙、梁羽生、温瑞安都对《蜀山剑侠传》赞不绝口。武侠小说界以外的，许多作家也对这部作品赞不绝口，如白先勇等人，认为这是"一本了不起的巨著"。而在当代学界，对"蜀山"系列的研究和评论也未曾终止，随着时间的流逝，人们越来越发现这是一部"前无古人，后无来者"的武侠巨著。《蜀山剑侠传》自民国至今依然持续出版，出现了多个版本，仍然被广大武侠小说的爱好者痴迷。

虽然创作年代久远，但诞生八十多年以来，各大名家仍然对"蜀山"系列痴迷不已，可见还珠楼主有异于凡人的创作思维，其作品可以说引领了武侠小说创作的潮流，与刘云若的《春风回梦记》共同促进了北方通俗小说的崛起和繁荣。张赣生认为："三十年代以前，天津的通俗小说创作还处于相当冷清的阶段……进入三十年代以后，天津《天风报》的创办，是民国通俗小说史上一件扭转局面的大事。"他认为《蜀山剑侠传》和《春风回梦记》是"民国通俗小说史上领袖群伦的巨匠"，而正是因为《天风报》将这两篇小说推出，展现在世人的眼前，再辅助于北平、青岛等地的言情小说，才共同"形成了民国通俗小说史上鼎盛的局面。由此，通俗小说创作的中心由南方的上海变为北方的平津,南方通俗小说日渐衰落,北方作者之作品打入上海各报刊,把民国通俗小说艺术推向峰巅"①。

三、艺术性:突出戏剧艺术,传播中华文化

中国传统戏曲从一开始作为祭祀仪式出现,到后期进入宫廷表演,再到成为文人雅士的消遣,直到最后进入寻常百姓家,经历了十分漫长和曲折的历程。从早期的宋代南曲戏文,到元杂剧时代北曲盛行,昆曲成为中国雅文化的代表,再到"花雅之争"促进了京剧的繁荣,中国传统戏曲作为中华文化,体现着一个时代的艺术审美与时代精神。"天风三报"从创办以来就以传播中华传统戏曲艺术为重点内容,在发展中呈现出丰富的戏曲资料和文化内涵。

《天风报》主要以副刊"黑旋风"作为传播戏曲的场所,而《天风画报》和《新天津画报》主要在"戏剧版"刊载关于戏剧的文章、戏讯等内容。该报登载了大量戏剧名伶的新闻报道、戏剧演出广告、戏剧改良理论以及相关评论文章,记录了演员的舞台表演、戏剧的演出活动等信息,还记载了一些戏园的兴衰变迁,甚至在一定程度上推动了国剧艺术的改良发展。在专门的戏剧版块,大批戏迷、票友和对戏剧有嗜好的文人墨客积极表达着自身的看法,留下了大量各抒己见的戏剧艺术理论,无论是对研究民国时期戏剧评论的发展还是当今的戏剧,都有很高的史料价值。有时候针对一次演出或一个问题,投稿者们从各个不同的角度发表意见,相互辩论,戏剧栏目呈现出"百家争鸣"的风格。剧评形式丰富多样,大致可概括为评论性文章、回忆录、轶闻记载、典故叙述、剧情考证等几

类;评论性文章又包括对于名角的人物评论、演出剧目评论、对于某次演出的记述,还有关于戏剧社会功能的探讨等。这些内容在很大程度上反映出了当时社会和观众对于各类戏剧形式的审美取舍。作为我国传统艺术中的国粹,《天风报》以传播中华传统戏剧为主要方向,尤其突出京剧这一剧种,传播的内容主要着重于戏剧文化传播、戏剧广告、戏剧新闻和戏剧评论等几个类型。

戏剧广告提供了当时天津戏园所上演的戏剧剧目、演员、戏目情节概要等信息。广告的演变体现出戏院之间的激烈竞争。戏剧广告主要从宣传戏剧演出或伶人入手,照片已在前文叙述过,故不再赘述。

戏剧新闻主要以实事报道的形式来反映剧场内外的事件。对于与名角相关的新闻,多采用追踪报道的方法,既有演出时舞台上的表现,也有伶人舞台背后的行踪。民国时期报纸上常常出现戏剧、名伶的新闻,针对这一现象,孟兆臣认为:"小报以花、伶两界为自己的主要内容,开今日娱乐新闻之先河。在今天的新闻媒体上,影视、娱乐、体育新闻始终是主打栏目,对这些我们已经习以为常了,可在我们过去的研究中,却因小报报道花界、伶界消息,而把他们贬得一钱不值。我们应该知道,当时洋场的娱乐中心就是花、伶两界,红妓女和红伶人是当时的演艺明星,他们是市民关注的焦点,因而小报报道他们是很自然的事。"①《天风报》的报道可以说是细致入"微",不仅有对相关伶人的报道和跟舞台演出有关的新闻,还反映了戏院中观演场景和戏院的设施、服务等。比如沙大风

---

① 孟兆臣.洋场才子——中国近代文艺市场的第一代开拓者[J].上海师范大学学报(哲学社会科学版),2002(5):33-36.

的《中国戏院诸般革新》一文中,就说明了中国戏院中舞台设备的情况等。

　　报纸中的戏剧评论分社论和戏评两种。社论是以报馆之名义,以社会环境为前提,针对整个戏剧市场做出的评论,内容多是反映社会道德、行政政策、风俗人情等与戏曲市场运作的关系。戏评主要是针对戏剧舞台演出而言的,它所涉及的内容较丰富,包括对演员表演的品评、对剧场氛围的表述、对观众群体的关注等。①沙大风就在《新天津画报》上发表了《四大名旦之研究》系列文章。除此以外,还有剧界名人如陈墨香撰写的《演戏之夜》,连载多日,向读者介绍名伶在戏台背后的故事。报纸还制作了名伶传集,每期介绍一位名伶,有《梅兰芳祖孙合传》《余叔岩祖孙合传》《杨小楼父子合传》《谭鑫培传》等。戏剧作为中国传统文化的一部分,要保护和扶持这样的国家文化,留住戏剧艺术的"根"至关重要。正如沙大风所认为"戏剧是平民的",它曾是平民百姓的茶余饭后,也曾是文人雅士的清风明月,它伴随乡土中国经历了千百年风风雨雨,演绎过数千种世俗情态,而如今,它更该是不能忘却的国粹精华。②

　　《天风报》从前未曾被人挖掘,难以想象它曾留下如此丰富的戏剧艺术资料,在传播戏剧艺术、传递国粹文化方面做出了不朽的业绩。它的发现可以为后来的戏剧研究者提供丰富的文献资料,这也是笔者著述此书的目的之一。这份报纸中的戏剧广告、戏剧

①　付德雷.《申报》与戏曲传播[D].南京:东南大学,2006.
②　苏茜."平民的"戏剧由《北洋画报》游天所撰《戏剧是"平民的"》说开去[J].民族艺林,2018(5):20.

《天风报》的内容分析

085

新闻、戏剧评论以及与戏剧有关的奇闻轶事、文学知识等,细致地描绘着当时中国传统戏剧市场的运作情况。

另外,在传播其他中华传统文化方面,《天风报》依然不遗余力。金警钟①的连载作品《国术名人录》,入录者皆为各武术学派的嫡系传人和主要代表人物,其中包括杨露禅、马永贞、郭云深、董海川、霍元甲、孙禄堂、李景林、李瑞东、韩慕侠等一批声名显赫的武术大家,全书共收录清代后期和民国前期全国各地著名武术家108名,向读者传递了丰富的武林历史和武术理论,非常具有史料价值。姚灵犀在"黑旋风"主编专栏《采菲录》,编撰辑录有《采菲资料》,专门刊载与缠足有关的文字,后更以专栏所载文章和陆续搜集的资料编次成帙,汇成一部民俗学巨著,仍称《采菲录》,这是研究中国妇女缠足史的必备史学资料。(“采菲”二字取自《诗经·邶风·谷风》之“采葑采菲,无以下体”)此外,《新天津画报》于1941年4月6日开始,每周日刊发《木刻专页》,“提倡朴素的艺术和发扬时代的精神,使木刻和绘画同样的迈上兴亚大道,这是我们对社会应负的使命”②。该版面专门聘请专家介绍木刻艺术,评析木刻版画作品等,还为读者介绍作者与文化界名人之间的交往。此外,报纸还多次开辟“专页”“特刊”,用当日整个副刊版面介绍文化名人。比如1937年1月17日、18日连续两日刊出的“悼念大方先生专页”(与《商报画刊》和《风月画报》联合发刊),1939年11月26日“赵藏斋先生追悼专页”等,还刊出珍贵的文本,如陈墨香遗

---

①　金警钟,原名金恩忠,字泽臣,号疯癫客,1903年生于燕京武术世家,文武兼能,多撰写武学文章,主要作品有《国术名人录》《刚柔拳图解》《少林七十二艺练法》及《浑元一气功图解》等。

②　木刻专页面开场白[N].新天津画报,1941-04-06.

著《活人大戏》《大方先生遗纂》等。

四、娱乐性:鼓励新式娱乐,宣传电影舞蹈

在娱乐性方面,小报多报道一些名人艳事、明星八卦或声色秘闻来博得读者关注,"转而寄情于声色,采风于陋巷妓院,徘徊于舞榭歌台,沉湎于风花雪月之中"。《天风报》未能完全免俗,虽然报纸不是整版刊登低俗娱乐,但前期这方面确实占了一些内容。随着沙大风办报理念的逐步明晰和报纸受众的逐渐广泛,《天风报》所呈现的娱乐性不再限于低俗娱乐,而是朝着更加健康、积极、向上的高级娱乐发展。结合沙大风"提倡文化艺术、启迪明智"的办报理念,报纸虽然也会刊登一些娱乐八卦类文章,但避免"社会病态类消息",娱乐性内容"以幽默深刻为主旨",其娱乐性中肩负着强烈的社会责任感,依然以提升国民素养、传播知识为理念。

作为北方较早开埠的通商口岸,得风气之先,天津的娱乐也吸收了西方元素。20世纪30年代初,天津大众性的娱乐文化业逐渐兴旺起来,普通的娱乐休闲场所应运而生,这些娱乐场所不仅丰富了人们的精神文化生活,而且为市民提供了一个公共的社交空间,涉足这样的休闲场所对市民来说是生活中不可缺少的一部分,人们对新型娱乐的信息需求十分庞大。民国时期,各式戏院、舞厅、游乐场、高档电影院陆续兴建,电影已成为天津市民娱乐活动的主体之一。电影流行的同时,一股跳舞热潮悄然兴起,比如巴黎舞场引进北平和上海的舞女后,再配上优雅的音乐和酒水,很快就闻名于华北。沙大风看准这一市民需求,将新兴的娱乐文化介绍给读者。"跳舞为时髦的娱乐,社交上不可少的所在,本报对于舞场之新的设施,必当尽先报告。趣闻趣事,亦愿择优发表,以期提起舞

客兴趣,并使社会上对此种社交场合有所认识。其余说书唱曲,各种技艺,均当随时评介。"①《新天津画报》时期,该报的娱乐性提升了一个高度,专门开辟出"电影版""舞蹈版""花事版",甚至还有文章介绍如何跳舞、舞蹈的步法等。此外,报纸上还刊登各大娱乐场所的经营状况及演出信息,既为娱乐场所做了宣传广告,又能够满足观众多层次的需求。

通过整理该报的游艺广告信息及副刊版面文章可发现,民国时期天津的娱乐业比较发达,市民非常注重精神生活的满足,电影院、戏院、剧场既有日场又有夜场。《天风报》上比较常见的就有天昇影院、新新电影院、明星大戏院、皇宫有声电影院、春和大戏院、巴黎跳舞场、北洋大剧院等天津比较著名的娱乐场所,几乎每天都有戏院、电影院、游艺场等娱乐场所的宣传广告和新闻报道。报纸不仅用广告来传递每日的戏迅、影讯,还有作者撰写影评,保留了大量新旧剧、电影、歌舞、音乐会等较多文艺资料。此外,还向读者介绍彩票、赛马等新兴娱乐方式。

图3-1《天风报》广告版面体现出电影、戏剧、赛马等市民娱乐方式

---

① 本报今后所贡献于社会者[N].天风报,1936-11-11.

第二节 《天风报》的编辑及主笔

前期《天风报》要闻版和社会版的新闻一般都没有记者的署名,但副刊"黑旋风"上出现了很多编辑主笔的笔名。倪墨炎曾指出民国时期报纸文艺副刊的文学价值:"在新闻学运动中,报纸副刊是有着汗马功劳的。""所谓贡献,无非是两条,一是出了人,二是出了作品。出人和出作品是一致的,但也有区别,如果只重视老作家名作家,那可能只出作品而未必出人。"①许多年轻作家的文学生涯,都是从副刊起步的,"晨报副刊"刊载了鲁迅的《阿 Q 正传》,而且还发表了许钦文、俞平伯、冰心等一大批青年人的初出茅庐之作,郭沫若的处女作则是在副刊"学灯"上向世人展示的。

《天风报》在中国文学史上所做的最大贡献,一是"出了作品",如《春风回梦记》和《蜀山剑侠传》等优秀作品,二是"出了人",如刘云若、还珠楼主以及何海鸣等作家兼报人。如果说本来就是天津人的刘云若,在《春风回梦记》之前就已经在天津小有名气,那么还珠楼主李寿民在当时还完全是一个无名之辈。沙大风慧眼识珠,将这位初出茅庐的青年挖掘出来,还将弃武从文的何海鸣纳入自己的主笔队伍。可以看出沙大风不仅能够识别人才,还不遗余力大胆使用人才。《天风报》以副刊"黑旋风"出名,快人快语的形象尤其突出,每个编辑也各有各的写作风格。有一篇文章就对当时报社的编辑做了分类:"诗可以观人品,文亦可以观人品,诗文与

---

① 倪墨炎.30 年代大公报文艺副刊的启示[N].文艺报,1988-05-28.

人品有相类者,有不相类者,相类者自可观,不相类者自不可观。"①
将为该报撰稿的作者们分为"人文之相类者"和"人文不相类者",
即人如其文和人不如其文。从报纸的文风可以看出,每个作者的
写作风格都有各自的特点,比如沙大风说话心直口快,他的文章大
气磅礴,同本人一样没有遮拦;江北老的文章刚硬有侠者风范,本
人性格也是如此,文如其人"婀娜多姿"。而另一类作者编辑,比如
姚灵犀,本人不苟言笑,看起来是很严肃的正人君子,但他的文章
却"滑稽香艳",有"非萧即罄"的特点,更是喜欢研究小脚现象,但
本人却不偏好小脚;何海鸣英姿飒爽,写文章却炉火纯青。由上可
见,主笔们在语言上可谓各行其道,发挥各自的写作特点和创作风
格,大部分都是快人快语,令人读后感觉十分过瘾。

一、言情小说大师刘云若

刘云若(1903—1950),是 20 世纪 30 年代天津著名的社会言
情小说家,原名兆熊,又名刘存有,字渭贤。沙大风与刘云若是《北
洋画报》《天津商报》的同事,在一起做编辑共事时相识。1930 年
春天,沙大风正在筹办《天风报》,便邀请刘云若担任副刊"黑旋风"
的主编和主笔,在这期间刘云若开始写他的第一部言情小说《春风
回梦记》,《天风报》对其进行了连载。这部小说一经问世便极受欢
迎,沙大风在《情海归帆》序中写到了当时的情况:"十九年春(引者
注:1930 年),余创《天风报》,云若以春风回梦记小说,投刊天风,
读者先睹为快,天风因春风而风行,春风因天风而益彰。"②可见沙

---

① 原.人品与文章[N].天风报,1933-02-21.
② 情海归帆序[N].新天津画报,1939-07-08.

大风一开始就对刘云若及其创作的小说给予了很高的评价,甚至认为《春风回梦记》与《天风报》互相成就彼此。这部小说不负众望,刊载后在社会上好评如潮,市民要求续写之函"在数千份以上",可见其受欢迎程度,作者刘云若甚至与当时的通俗小说大师张恨水齐名。刘云若一生先后写出数十部长篇社会言情小说,而大部分成名作都是在"天风三报"上连载的,除了《春风回梦记》,还有如《情海归帆》(1936年)、《旧巷斜阳》(1938年)和《粉黛江湖》(1943年)。除了撰写小说,作为"黑旋风"副刊的主编,刘云若还撰写各类剧评、杂文、时事小品,包括《垃圾人物志》《彩云散传奇》等,他的语言生动幽默却又尖刻锐利,能达到讽刺时弊的社会效果。刘云若与《天风报》的缘分也从创刊持续到了停刊。而沙大风与刘云若感情至深,他认为"吾二人之文字因缘,曾无一日间断",还评价刘云若"当世之怪杰也,生平抱不世之才华,聪明绝顶,文章犹其余事,而乃不幕利禄,不求闻达,日处斗室,挥生花笔,写人间世"①。

二、武侠小说大师还珠楼主

李寿民(1902—1961),原名李善基,笔名还珠楼主,晚年又改笔名为李红,四川长寿县人。他是一个多产小说家,一生写过四十余部小说,总计1700万字,此外还有几十个京剧剧本,被誉为"现代武侠小说之王"。他的成名与《天风报》关系密切,让他声名大噪的《蜀山剑侠传》正是从《天风报》开始向世人展示的。作为20世纪三四十年代武侠小说的杰出代表,"蜀山系列"作品包括正传、外

---

① 情海归帆序[N].新天津画报,1939-07-08.

传、别传、前传、后传等多达三十多部，自出现后开始逐渐被人关注，直至轰动平津，四十年代在上海还曾经出现过"还珠热"的盛况。他的作品对后世其他大名鼎鼎的武侠小说家如郑证因、朱贞木、梁羽生、金庸、古龙等名家均有启迪之功。

《蜀山剑侠传》在《天风报》得以发表完全是由于机缘巧合。《天风报》初创时期，空缺一篇长篇连载小说，此时的还珠楼主正在筹措与孙经洵的结婚费用，而陈慎言的《新旧爱潮》因个人时间问题将在《天风报》上自我腰斩，恰给《蜀山剑侠传》提供了契机。编辑唐鲁孙在《我所认识的还珠楼主》一文中回忆道："那时他已着手写《蜀山剑侠传》，写了十二回之多，又怕销路没有把握。当时《新天津报》登了评书说部《雍正剑侠传》，三月之间，报纸增加了一万多份。我想把《蜀山剑侠传》拿来在《天风报》上发表。"①还珠楼主的次女李观贤、三子李观鼎合写的《回忆父亲还珠楼主》一文中描述道："天津有一张《天风报》，每日要连载两部小说，其中一部已刊载完毕，一时尚无新作续上。报社社长沙大风为此事急得团团转，偶然闻知父亲的文笔优美，便亲自找上门来，问父亲能不能尽快拿出作品来。稿酬可以从优。父亲接受稿约后，连夜赶写出几十段文字，那就是《蜀山剑侠传》的前几回……"②李氏姐弟的回顾稍微粗略，唐鲁孙的则更具细节。当唐鲁孙将《蜀山剑侠传》前十二回文稿拿给正为组稿发愁的沙大风看后，沙大风便说："此稿文字优美，故事神乎其神，可用，而且日后必将大火。快快定下此人，稿酬

---

① 唐鲁孙.我所认识的还珠楼主[N].民生报,1982-06-20.

② 观贤,观鼎.回忆父亲还珠楼主[N].人民日报:海外版,1988-03-24(7).

一等,提前预付三个月。"立即重金聘请还珠楼主为《天风报》撰写这部长篇小说。正如倪斯霆的描述:"开始只是引笔小试,先写一些段落交报社主人过目。沙大风阅后评价甚高,遂以重金聘之。"①自 1932 年 7 月 3 日起,还珠楼主的武侠小说处女作《蜀山剑侠传》便开始在《天风报》上连载。1933 年 2 月开始,沙大风与同人开始为《蜀山剑侠传》单行本打广告"情节惊险新奇,不落寻常武侠小说窠臼",撰写了一系列文字,对小说进行深度推介,并多次刊出过关于还珠楼主小说的推荐、预告以及与读者的互动文字。沙大风专门写过一篇文章《介绍一部武侠名著》,认为这部小说:"布局谨严,设想新奇,写景写人,无不佳妙,不落寻常小说恒蹼。"②随着连载的持续升温,人们赫然发现这部作品确实不同凡响。1933 年 4 月,小说开始以分集单行本的方式发行,引起了社会的强烈反响。范伯群称赞《蜀山剑侠传》云:"此书以其宏大的结构、超拔的想象力、兼容并蓄的思想,成为现代武侠小说的扛鼎之作。"③此后,还珠楼主受聘为"黑旋风"主编,不仅在报纸上连载其武侠小说,还撰写戏剧剧评,甚至因为作品反响热度太大而开设了"还珠楼丛谈"专栏,与小说连载互为表里。

三、倡门小说家何海鸣

除了刘云若和还珠楼主两位小说家以外,《天风报》还挖掘出

① 王宗辉. 武侠小说之作者名世悖论研究——以还珠楼主、宫白羽、金庸等人为例[D]. 郑州:河南大学,2017.

② 大风. 介绍一部武侠名著[N]. 天风报,1933-03-27.

③ 范伯群. 中国近现代通俗文学史[M]. 南京:江苏教育出版社,2010:485.

其他小说家并连载他们的作品，最终也成就了作者。何海鸣（1887—1944），本名时俊，字一雁，笔名求幸福斋主、衡阳一雁等，湖南衡阳人。他的人生经历十分丰富，二次革命时，在南京代黄兴任讨袁总司令，攻占都督府，重新宣布江苏独立；失败后潜居日本，后来弃武从文，独辟蹊径成为民国倡门小说的发轫者和"鸳鸯蝴蝶派"的重要作家。范伯群将其称作"描写倡门疾苦的第一圣手"，周瘦鹃评其《倡门送嫁录》为"一九二二年中国小说界中唯一的杰作，有永远流传的价值"。他自述自己的生活阅历云："予生二十余年，曾为孤儿，为学生，为军人，为报馆记者，为假名士，为鸭屎臭之文豪，为半通之政客，为二十余日之都督及总司令，为远走高飞亡命客，期间所能又经过者，为读书写字，为演武操枪，为作文骂世，为下狱就审，为骑马督阵，为变服出险，种种色色，无期不备。"①跌宕起伏的人生经历给他的创作带来很多灵感，与其他人的作品相比，何海鸣的作品有着自己的独到特点。1930年，何海鸣应《天风报》邀请从沈阳迁至天津，他不仅在《天风报》上发表创作的倡门小说《此中人》（1930年）、《此中人（续）》（1932年）、《湖海平生》（1932年）、《青黄时代》（1933年）、《往来冠盖》（1934年）等，还在"黑旋风"上用笔名"求幸福斋主"撰写各类文章，内容十分丰富。作为一名曾经的军人，他在《天风报》上对日军的暴行进行了强烈抨击，如文章《极不堪的应时新诗》《集中力量以作后援》，还有影评《观龙祥凤舞影片有感》等。非常可惜的是，1936年何海鸣开始担任天津《庸报》社论的主笔兼文艺部长，而《庸报》自1935年被茂川特务机关收买后，由台湾籍特务李志堂任社长，刊载的内容多为日本同盟

---

① 何海鸣.求幸福斋主随笔[M].上海：上海书店出版社,1917：10,24.

社和日本报刊提供的稿件,观点完全站到了日本侵略者的立场上,何海鸣就此堕落为日伪文化的帮凶,因此他也被称为"附逆文人"。

四、"小脚研究员"姚灵犀

姚君素(1899—1963),字衮雪,号灵犀,以号行世,江苏丹徒人。他擅诗古文辞,民国时期成名于天津文艺界,曾主办消闲刊物《南金》。姚灵犀自 1930 年《天风报》创办以来就是报刊主笔,后来在"黑旋风"上开辟了专栏《采菲资料》,专门刊载与缠足有关的文字。专栏常有读者来信,后更以所载文章和陆续搜集的资料编撰成册,汇成《采菲录》这部民俗学巨著。虽然研究小脚,但姚灵犀绝不是支持妇女缠脚,文章对妇女缠脚持批判态度。倪斯霆对《采菲录》的评价如下:"《采菲录》究竟是一本什么书,内容又是如何呢?答曰:这是一系列专述旧时妇女缠足的史料汇编,内容分为亲历、考证、从钞、韵语、品评、专著、撮录、杂著、劝戒、琐记、谐作、附载等类。关于《采菲录》书名,姚灵犀曾在'自序'中有所解释:'《诗·谷风》章云:'采葑采菲,无以下礼。'刺夫妇之失道也。盖诗人之旨,当节取一善,勿以其根之恶而弃其茎之美,予之编印《采菲录》,亦即取此义耳。'由此可见,作者编此书目的,旨在告诉世人,缠足虽为世俗强加于妇女之陋习,然不应因此而掩女子其他之美也。"[①]后来,姚灵犀还在《天风画报》上增设专栏"采菲新资",继续与读者探讨。1940 年 8 月,姚灵犀成为"黑旋风"主编,还开辟了"医药问答"一栏,旨在为读者解答医学困惑。但不幸的是,这年 11 月姚灵

---

① 倪斯霆.文人姚灵犀:写妇女缠足遭牢狱之灾[N].湖南工人报,2014-05-07(07).

犀痛失次女,"哀毁恸惜,神智俱昏,对于编校事务,诸多疏忽",白天精神不振,夜晚失眠,他便辞去了在《天风报》的职务。

五、其他编辑及主笔

陈微尘(1896—1969),名邦荣,字振奇,湖北浠水人。他出身于书香门第,是清代诗人陈沆后人,幼时饱读诗书,少时主攻医学,是一代名中医,著有包括《陈微尘五种》在内的多部医书。陈微尘1934年来到天津,先是任天津铁路局总务秘书,后来过起以鬻文为主、从医为辅的生活,在包括《天风报》在内的多家报纸做撰稿人,如《风月画报》《银线画报》《北洋画报》等。。他不仅在报纸的医学常识版向读者传递医学知识,还在副刊开辟专栏"微尘丛谈"和"微尘泉话",撰写杂文,发表自己关于文人轶事、古泉鉴赏之类的文章。他还为姚灵犀的《采菲录》做序,反对妇女缠足。后来,他在《天风画报》上不仅继续延续着"微尘丛谈"栏目,还增设"医学浅谈"栏目,而后又在《新天津画报》上与读者进行医药问答,偶尔也发表其他文章。

刘炎臣(1908—1996),字基汉,天津市人。他与沙大风有很多相似之处,既是一名报人也是一位戏曲评论家。作为编辑和记者,刘炎臣曾在《银线画报》《新民报》《建国日报》任职,还常在《大公报》《益世报》《庸报》《国民晚报》《北洋画报》《影剧画报》《影戏三日刊》《天津影戏剧目》《影戏春秋》《剧影报》《华北银线》《中国大戏院戏报》《新民报半月刊》《天津新文化半月刊》《天津游艺画刊》等二十余种报纸发表文章。成为《新天津画报》编辑后,刘炎臣长期编辑"戏剧版",在"歌场杂谈"上发表文章,开辟了"剧坛动态"专栏。虽然年轻时被称作"草根记者",但"作为记者的刘炎臣工作勤奋,广泛接触社会各阶层、各行业、各角落,积累了丰富的各种社会信息,又结交许多乡贤宿儒,得以提高自己的文史学识。历经了二十多年的记者生涯,刘炎臣已扬名天津新闻界了"[1]。他晚年成为天津著名文史专家,1987 年被聘为天津市文史研究馆馆员。

魏病侠也是《天风报》的编辑之一,他与袁寒云(袁世凯次子,本名袁克文,字豹岑,号寒云,昆曲名家,民国四公子之一)都是方地山最得意的弟子。魏病侠在 1933 年 1 月 1 日创办《风月画报》,后来也常在《天风报》和《天风画报》上发表文章。《天风报》改版为《新天津画报》后,魏病侠作为主要编辑人与沙大风共同经营这份报纸,后来还成为"黑旋风"副刊的主笔。

第三节　副刊"黑旋风"

"黑旋风"是"天风三报"的精华,报纸存世十四年间,其作为主要内容存在一期不落,"新旧杂糅"是其最主要的特点。"黑旋风"在天津乃至北方通俗文学发展史上占有重要的地位,除了连载小说外,它还作为报纸的戏剧版存在。《新天津画报》时还刊载漫画、书法、绘画、灯谜、歇后语、诗作等。"黑旋风"秉承着沙大风的办报理念,在不同主编的经营下熠熠生辉,不仅在民国时期天津读者心目中占有重要地位,也为现在的文化研究提供了丰富的史料依据。

一、内容特点

报纸副刊是报纸正刊的延伸,它可以定义为"报纸的重要组成

---

[1]　杨大辛.刘炎臣晚年脱颖而出[N].天津日报,2019-08-06.

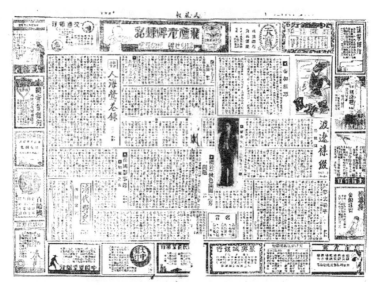

图 3-2《天风报》副刊"黑旋风"

来源:《天风报》1930 年 5 月 2 日

部分,是报纸的具有相对独立编辑形态,并富有整体文化色彩的固定版面、栏目和随报发行的副刊"①。副刊是中国独有的一种报纸形态,脱离于报纸的新闻版面之外,既可以作为独立的文化信息载体,又可以从属于报纸,作为信息传播的工具。从内容上来看,副刊上刊登的作品都具有较大的娱乐功能,主要以文学和艺术等方式潜移默化地影响着读者。自出现以来形态保存至今,很多副刊都在中国的文化发展史上占有重要地位,留下了深远的影响。民国时期天津报纸副刊的发展经历了以下几个阶段。

五四运动以前,天津的报纸副刊被安置在报纸末端,被称为"报屁股""杂俎""余兴""文苑"等,从命名来看就知道早期的副刊

---

① 冯并.中国文艺副刊史[M].北京:华文出版社,2001:4.

只是作为读者日常消遣的很小一部分,不被人重点关注。1897年11月,我国第一张具有较为完整编辑形态的专页文艺副刊《消闲报》诞生,"既是以往送赠文艺性附张的继续和变通办法,又是'报馆之支流'"①。《消闲报》问世后,副刊才逐渐得到了报界和读者的广泛认可,而近代天津的中文报纸中,1895年创办的《直报》最早刊登了副刊性的文字。此外,这个时期副刊大部分是作为报纸的"余载"附在报纸其他版面上的,比如1902年天津《大公报》创刊时就开辟出"杂俎",这个副刊性质的专栏用来刊登诗词歌赋等休闲性文字。1915年10月1日,《益世报》创刊号中设置了"益智粽"栏目,也同样具有休闲性的传播性质。

随着新文化运动和1919年五四爱国运动的兴起,天津报界开始扭转副刊的办刊方向,形式上更加多样,内容上则密切配合时代发展,宣传新思潮,传播新文化。比如《大公报》在1922年,将专栏中的文章集中起来形成了固定形式的、真正意义上的副刊。20世纪二三十年代是天津报纸副刊繁荣发展的阶段,这个时期的副刊出现了游艺性副刊、综合性副刊和文艺性副刊等。就民国时期天津的四大报刊来看,《大公报》除创办出"艺林""小公园"这类综合性副刊以外,还开辟出多个专业性副刊。以《大公报》为开端,天津各大报纸纷纷开始创办副刊,比如1928年就出现了以探讨社会建设为主的专刊《天津益世报副刊》。除此以外,《益世报》还出现了专刊"学术周刊""文艺周刊""医药周刊"和"剧影"等。《庸报》的综合性副刊有"庸报副镌""天籁"和"天津卫"。《天津商报》中有

---

① 姚福申、管志华.中国报纸副刊学[M].上海:上海人民出版社,2007:65.

吴秋尘主编的"杂货店"、王小隐主编的"古董摊"、刘云若主编的"电影院"等副刊。这个时期的副刊吸引并聚集了一大批思想先进的知识分子，成为他们发声的阵地，也是社会舆论宣传的阵地。比如被称为《大公报》副刊"五虎大将之一"的何心冷就在1927年创办了"铜锣"副刊。而副刊也不仅仅限于刊登消闲和娱乐性内容，逐渐具有了传播学术、探求真理、启迪思想和开展社会文化批评等多种功能。

总体来看，天津的报纸副刊涉及门类广泛，由最初的综合性逐步发展为针对某一特定领域的专业性副刊。《天风报》的副刊"黑旋风"正是在这样的背景下诞生的。"黑旋风"将主要内容定位在"戏剧"和"通俗小说"这两大方面上，并由此形成特色，另外辅之以其他文艺休闲内容，不仅满足了当时广大读者多方面的精神需求，使《天风报》在报刊众多的市场中更加具有竞争力，同时其本身具有的追逐时尚、传播知识、娱乐消闲、警示人生等功能也被赋予了与时俱进的时代特征。"黑旋风"经历了刘云若、青原、还珠楼主、泊香石、梅花道人、魏病侠（时间最久）、姚灵犀和陈微尘等多为主编，他们各自发挥力量，成就了自己，也成就了"黑旋风"，使之成为一份脍炙人口的报纸副刊。

相比其他出版物而言，报纸副刊所需要的舆论环境更自由、更宽松，副刊作者在副刊上往往不受党派的限制，可以畅所欲言，宽松的舆论环境也使广大读者能从中得到启发，从而更好地推动社会进步。副刊的主要读者是普通的市民大众，要想吸引市民大众、贴近市民生活，就必须运用市民喜闻乐见的话语方式和娱乐方式，沙大风自然也不例外。作为副刊界经验丰富的编辑，他深知副刊的特点属性和读者群体；而作为社长，他明确要求报纸要以读者为主,并朝着这个方向做出了很多努力。当然,文艺副刊作为报纸的一部分,必然要与其他新闻纸共存,编辑方针必定要受新闻性、时效性和大众性影响,"黑旋风"的设置不仅与《天风报》整体相得益彰,又办出了自己的特色。

二、图片形象

图片形象作为一种事物的抽象化表达,符号化了一个事物的特质。从本质上而言符号化就是将某物赋予其对象的特点,即很多事物本身来讲是不具备符号的特点的,但由于主体的需要进行加工后,具有了符号的特点、功能。简单来说,事物的符号化,其实就是具象到表象再到抽象为一种符号意义或情绪表达载体的过程。① 在传播过程中,传播主题通常会出现高度符号化载体,这个载体经过传播到受众方,因为已经经过抽象概括的过程,所以更容易被受众记忆。《天风报》的副刊从创刊初期就设置《水浒传》中"黑旋风"李逵的图片形象为刊头图片,作为其传播符号。

李逵是《水浒传》塑造最为成功的形象之一,绰号为"黑旋风",在梁山上排第22位,星号为"天杀星",因打死了人流落在江州,在江州牢里做了个小牢子,带着两把板斧。在《水浒传》中,李逵"奉天杀戮",身上带有"嗜血"的秉性,比如当其得知柴进的叔叔柴皇城被高廉的妻舅殷天锡殴打后,跳起来大喊:"这厮好无道理,我有大斧在这里,教他吃我几斧,却再商量!"②他的形象代表了人性中

---

① 卢珊珊.符号、符号化与符号异化释义[J].晋中学院学报,2008(1):49-53.

② [元]施耐庵.水浒传[M].北京:人民文学出版社,1997:692.

"至真"的含义,面对不公不义,能够奋起反抗,而手中的斧头便是李逵抵抗暴力的武器,行为的暴力背后是对社会公平正义的失望。因此,李逵这个形象具有孟子所形容的"发乎天性自然"的良知感,他的侠义行为在不自知中做出,也正是贵在不自知,李逵才具有纯正、真诚的品质。

"黑旋风"将传播形象定义为李逵,其位置一直附于副刊右上角报头部分,从始至终没有变动过,这也体现出"黑旋风"副刊的内容表达较为坚定,始终表现出敢言、行善的叙述风格。"黑旋风"最初的图片是一个动画人物版的李逵,侧身手持两把板斧,做出随时准备行动的动作,图像下方有三个大字"黑旋风",寓意着栏目内的文章专门痛砭时弊。在报纸的发展期间,这幅画像也随之变化过几次,有京剧艺术家郝寿臣饰演的"李逵"剧照,有漫画版的京剧李逵脸谱,还有漫画版龙卷风样式的"黑旋风",但读者对后期一些图片都不满意。有人表达意见说:"固愿腰中板斧,不可须臾离也。按本风新绘封面,有其人而失其斧,使黑旋风手无斧柯,岂不急煞铁牛乎?尚望诛除妖孽,磨砺以须,有诗为证云:沂岭当年虎见愁,腰中板斧肯请丢。于今世路多荆棘,莫教空拳误铁牛。"①改版后的李逵画像没有了标志性的板斧,也意味着失去了伸张正义的特性,报纸随后顺应读者意见,又将图片改回最初状态并长久保持。可见"黑旋风"在读者心中的形象深入人心,代表着伸张正义和为民发声。读者将作者手中的笔比作李逵手中的板斧,斧起斧落的形象暗示了"黑旋风"主笔们干净利索的文字风格,而沙大风本人也被评价为"快语能教四座惊,腰中板斧逞霜锋。人间何处诉不平。

---

① 伯龙.士别三日[N].天风报,1933-03-11.

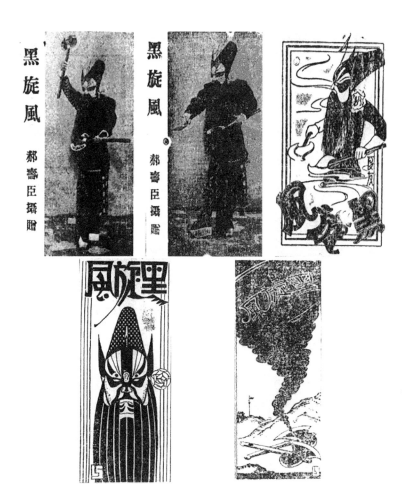

图 3-3《天风报》副刊"黑旋风"曾用刊头图片

沙大风,一半儿温柔,一半儿猛"①,说明他的文章也同"黑旋风"一

---

① 伯龙.黑旋风三周赋贺调寄一半儿(仿自由韵)[N].天风报,1933-02-22.

样,利落直接,直击要害。

三、社会评价

报纸在进化中产生了副刊,副刊也在发展中完善了报纸,正所谓言论赋予了报纸灵魂。副刊充实了报纸的"血肉和器官",它的存在使报纸不再等同于简单意义上的传播新闻的"新闻纸",而是具有了与丰富内容相适应的复杂形式。《天风报》作为文化载体,承载着"黑旋风"副刊的内容,传递着沙大风的办报宗旨和理想信念,可以说这三者是相得益彰的,无法分开来谈。有人这样评价道:"'黑旋风'的个性,便是属于'阳刚'一类的,他要骂人了,就大刀阔斧的骂,他要捧人了,就勇往直前的捧,他要做一般道学先生所认为有伤'风'化之事了,就堂而皇之的做,绝不像有些人,表明上是'板板六十四',骨子里是'一来脱裤子',表面上是'仁义道德',内幕里是'奸邪诈伪',表面上是'正人君子',暗地里是一样抽大烟,逛窑子,'黑旋风'绝没有这种假面具,此所以金圣叹要赞他一声'妩媚',尊他做个上上人物,而当他千号纪念的时候,却正赶在一阳已生的冬至了。"①不仅是戏评,发布在"黑旋风"上的文章往往都透漏出一股爽快、仗义的侠客作风,痛砭时弊,丝毫不留情面。创办以来十多年,"黑旋风"吸引了一批"粉丝",不仅包括读者,还有无数为其投稿的作者,一些出色的作品更是流传至今,被人们引为佳话。

黑旋风的形象是沙大风的符号象征,也标志着快人快语的办

---

① 伯龙.黑旋风三周赋贺调寄一半儿(仿自由韵)[N].天风报,1933-02-22.

报风格。说到"黑旋风"一定会知道《天风报》，而提到《天风报》大家也知道里面有个"黑旋风"，可见读者希望沙大风能一直保持为普通民众发声的办报风格和写作特点，也期望"黑旋风"能一直办下去。自"黑旋风"创办以来，民国时期的天津还没有一家报纸副刊能用如此深入人心的形象来表达报纸的宗旨和理念。"黑旋风"李逵的形象成就了副刊"黑旋风"。"黑旋风"长此以来用其独有的编辑方式，最终将作者、作品、栏目位置、编辑风格都结合办刊精神固定了下来，使前文所述的那些"时代精神"随着这份副刊的发展一起走进了市民的视野，影响了天津的市民文化。学者顾臻认为："可以看到'黑旋风'版面呈现群花竞放的繁荣景象，与一般小报乃至不少大报的副刊相比，水平明显高出一筹不止，很多内容均具有珍贵的史料价值，这与责任编辑的水平是分不开的。"①"黑旋风"亦庄亦谐的特点使很多读者爱不释手，作为作者的姚灵犀，也"未曾一日间断"。他曾祝愿"黑旋风"永远流存下去："将来五十年，以至百年千年，但愿声价日增，天风所至，大地回春。"②

---

① 顾臻. 读天风报札记之十：补遗篇. 品报学丛[M]. 天津：天津古籍出版社，2014：236.

② 灵犀. 天风从此添声价[N]. 天风报，1933-02-20.

第四章 沙大风的办报思想和 社会活动

　　编报、创作与社交，占据了沙大风的大部分人生，而先前在《北洋画报》《天津商报》做编辑时，他就开始逐步确定自己未来的事业。《天风报》是沙大风一生中创办的最重要的报刊，凝聚了他人生的大部分心血和精力，也是他编辑生涯的集中体现。从《天风报》到后来的《天风画报》《新天津画报》，虽然名称改变了，但报纸的中心主旨没有发生很大的变动，反而更加明确了自身独特的发展方向。沙大风的出身以及他的社会经历，结合民国时期天津独特的地域文化，使他的办报思想与时代紧密结合，被深深地打上了时代烙印。同样作为新闻纸的一分子，小报和画报也同样承载着社长和创刊者的期望，以外在形式表现了报人的内在思想。本章将根据沙大风的一系列文章、报纸的文体风格，分别从美学理念、文化理念、社会理念、时代理念四个方面阐述其办报思想，这也是《天风报》所重点想要向世人传递的信息。此外，还将阐述沙大风的社会交往，也确定了他是"四大名旦"概念的提出者和首创者。

最后一部分对沙大风进行了综合的历史评价。

第一节　沙大风的办报思想

报人的办报思想往往体现了这份报纸的宗旨、性质、立场等，决定了报纸的整体风格和编排特点，是报社员工们要共同遵守的行为准则，它是一份报纸存在的基石，是全体同人一齐努力的方向，也是一份报纸保持永久生命力的关键所在。报纸从创办的那一天起，就与报人有了内在联系，社长的办报思想及理念深深地影响着报社的各个组成部分，同人们以此为基调进行创作和编辑，一些大报的办报思想更是深深地影响着当今报业，比如天津《大公报》先有创办人英敛之以"开风气、牖民智，挹彼欧西学术，启我同胞聪明"为宗旨，后有吴鼎昌、胡政之、张季鸾提出"不党、不卖、不私、不盲"的"四不"主义，使其成为中国新闻界的翘楚；再比如上海《申报》作为中国现代报刊的开端，即使没有像《大公报》一样提出脍炙人口的八字方针，但无论是其政论文章，《自由谈》副刊还是新闻报文体风格和思想内容都围绕着关乎国际民生、注重社会实际展开。

《天风报》于1930年2月20日创刊，遗憾的是目前只能收集到1930年5月2日以后的报纸。错过了创刊号，也就无法明确沙大风最初办刊的理念，但办报宗旨贯穿于报人整个办报生涯的始终。虽然在过程中也会有新的想法和理念产生，但从文章内容、报纸版面、文段设置等各方面，依然能较为明显地看出沙大风最初的办报宗旨。另外，报纸中时不时也会发现与此相关的内容。在1933年，沙大风曾借用上海某报社刊载的《志某报社同人戒条》一文,明确将其内容作为《天风报》的发展方向,称"本报愿引以为法"。文章对报社编辑们提出十条戒律:"一、不反革命;二、不评论我们看不起的人,但我们所爱护的,要尽量批判(如我们的祖国,现代武人,有希望的作家,及非绝对无望的革命家);三、不破口骂人(要谑而不虐,尊国贼为父固不可,名之为王八蛋也不必);四、不拿别人的钱,不说他人的话(不为任何方作有津贴的宣传,但可作义务的宣传,甚至反宣传);五、不附庸风雅,更不附庸权贵(决不捧旧剧明星、电影明星、交际明星、文艺明星、政治明星及其他任何明星);六、不互相标榜,反对肉麻主义(避免一切如"学者""诗人""我的朋友胡适之"等口号);七、不做瘥迷诗,不登香艳诗;八、不主张公道,只谈老实的私见;九、不戒癖好(如吸烟、吸茗、看梅、读书等),并不劝人戒烟;十、不说自己的文章不好。"①这些戒律虽然是借鉴,但也确实在《天风报》的办报过程中有所体现,并时常根据读者的反馈和社会现状及时调节版面和内容。1936年的一次改版,就执行了类似上述十条戒律:"一、本报以后对于新闻方面,力求迅确,要闻版尽量刊载国家重大消息,社会版,力避'大姑娘养孩子'一类的社会病态消息,各版皆有小评,针砭时事,以幽默深刻为主旨;二、副刊,搜罗先贤事迹,民族光荣史略,于文艺之中,乃以激发人民爱国思想为主旨;三、搜罗科学界惊奇发明,以及普通常识,至于家庭卫生诸端,尤为此后注意之点;四、本报欢迎新兴无名作家之作品,打击一切崇拜偶像,出卖古典之老朽作家,副刊主编刘云若君每日或间日撰作时间性之幽默作品,以调剂口味;五、本报立言宗旨,维持旧道德,提倡新学识,打到一切民贼、民瘟;六、国画力

---

① 大风附记.志某报社同人戒条[N].天风报,1933-02-15.

求美术化,娼妓相片,力求少登,多刊戏剧美术画籍,每周仅约著名画家绘制漫画,以讽刺时事;七、公开评论,凡读者对于时事及民情风俗,有欲发表意见者,以不揭发私人隐德为前提,皆可投稿,本报当容纳刊登,但每篇以一百五十字为限。"①可见《天风报》在众多低俗的天津小报中,是一份不可多得的能够坚定办报方针的报纸,即便平时与其他小报一样不可避免地登载些粗鄙文学,但是却不肯将报纸本身沦为粗制滥造之品,并且在发展中不断地提升办报水平,而沙大风本人,也坚定地秉承着自己的办刊宗旨和理念。如果说年轻时他因欣赏荀慧生、孟小冬而极力在报纸推崇二人,行为甚至有点"激进",那么当创办《天风报》以及明确这份报纸的创办宗旨后,沙大风的思想就沉淀了下来,做事行为越发成熟,不再盲目甚至狂热地"捧角",其文章也更多以批评讨论为主,内容客观公正,身体力行地为《天风报》的发展作出表率。

一、美学理念:提倡文化艺术,启迪明智

新闻纸既有客观报道国家政治事件的功能,也有陶冶国民情怀及开化明智、改造国民的使命。《大公报》的创始人英敛之就认为:"新闻纸者,金石文明之一大原动力也,其笔锋之所至,则有利用人类所禀有之喜怒哀乐爱憎以左右之,非宗教之大力做能及也。其记述之所及,则有陶冶国家所固有之政治风俗人情以转移之,非帝王之权势所能比也。"②一份报纸的宗旨是报刊灵魂所在,往后一切的内容都要围绕这个主旨展开。1933 年 2 月 20 日,恰逢《天风

---

① 本报今后所贡献于社会者[N].天风报,1936-11-01.
② 英敛之.论新闻纸之势力[N].大公报,1908-08-24.

报》出版三周年纪念,报馆编辑、报界同人纷纷致贺,沙大风作为社长发表了纪念致辞,明确向大众表达了自己办报的使命:"如何提倡文化艺术,以启发明智,如何主持舆论伸张公理,以与暴敌周旋,凡此种种,皆为本报重大之使命,所望达人时焉,常加指导,俾本报得以日济光明,与国家之正义荣誉,同炳耀于地球之上,岂不休欤。"①从这时起,沙大风就明确提出将"提倡文化艺术,以启发明智"作为《天风报》的宗旨,以提倡国家文化艺术,启迪明智,提高国民艺术审美,促进国民教育为己任。在报纸改版时,《天风报》报社也不断强调着这一主旨。1936年《天风报》的改版声明中说明,报纸要"维持旧道德,提倡新智识",这一句话的立意虽然不算宏大,但也反映了当时的沙大风不站在任何政治立场,不为任何派系说话,仅仅本着读者阅读后,能增长一些新的知识这一愿望来办。"以后一切种种,当以适应时代潮流为唯一途径,维持旧道德提倡新智识,为本报言论之主旨,使读者阅毕以后,多少得些新的智识,以符合报纸之使命,其他陈义过于高尚,立论过于夸大,为当局作应声虫,替要人作起居注,本报虽不肖,亦敬谢不敏,所望读者诸君,乃本昔日爱护之旨,多多赐教,俾本报同人,得有依循,幸甚,幸甚!"②1938年9月5日《天风报》改名为《天风画报》,在发刊词《创刊号的几句话》中再次重申报刊的使命:"在大众殷殷期望中,愿努力完成本报的使命。本报奉当局命令改为画报。这是一个新生命的起始。虽然从前有一个《天风报》,但从今以后的工作几乎是从

---

①　大风.本报三周纪念之辞[N].天风报,1933-02-20.

②　本报今后所贡献于社会者[N].天风报,1936-11-01.

头做起。我们在这从头做起第一天,把余后的立场,约略说一说。"①这个立场,就是前文所述以提升国民艺术审美为己任。不论是沙大风自己写文章,还是报刊的排版设置,抑或是报纸的主要栏目,都体现了他的这一办报立场。"提升国民艺术审美"的立场不仅贯穿于沙大风整个编辑生涯,同样作为了他的报人使命,为报界、文学界甚至文化界,都做出了自己的贡献。此外,在《创刊号的几句话》一文中,沙大风还提到,不论是艺术、文学还是戏剧,都要担当起一份使命,在传播中华民族文化的同时,也要传播文化背后所呈现出的价值观,要重古风、重美德。他将《天风报》定义为"华北唯一之美的刊物",以提升国民艺术审美为己任,而这份报纸从创刊以来的使命就是发扬中华文化,传播美德教义,提升国民审美。沙大风作为社长,也与其同事们从一而终地坚守着这个信念,而后的《新天津画报》同样秉承着"宣扬文化艺术之重大使命"。

戏剧作为《天风报》文艺艺术方面的重要内容,沙大风认为这部分的报道要朝着戏剧改良的方向努力。对于戏剧和电影等艺术报道要客观公正,不歪曲事实;对于明星等要核实他们的艺术地位;对于人格修养较好的明星多进行宣传报道,"以期使中国旧剧成为一种有价值之艺术,至于电影原是一种高尚的娱乐,但亦不免有意识歪曲者,足以影响世道人心。本报亦立于纯粹客观的地位,如遇有意识不正确之影片,予以正当之评价,又旧戏伶人与电影明星,人格的修养,与他们的艺术地位,有莫大关系,行为不检的伶人或明星,只是艺术的蟊贼,本报对于这种伶人和明星,亦尽警戒的

---

① 创刊号的几句话[N].天风画报,1938-09-05.

义务"①。除此以外,还要宣扬西方新式艺术舞蹈、介绍一些国画作品和摄影作品,"至于金石考据,图画摄影,更当择优披露,藉以引起一般人士好古的思想,对于美术得到真正的认识"②。可见沙大风在提升国民艺术审美方面十分用心,保证报纸所传播的内容"材料不使单纯,趣味随时更变"。他认为报纸要以一种客观冷静的态度来向大众传播艺术,以提升民众的艺术和审美水平,提升新闻纸的美学价值,让我们的民众更加开明、更加智慧,为中国的国民审美教育出一份力。

二、文化理念:宣传美德教义,传播善念

从晚清开始,西方思想大量涌入中国,先有洋务运动、维新变法、推翻清廷建立民国,后有新文化运动、五四运动熏陶下的思想洗礼。这些事件使中国传统儒学体系遭受质疑,文人学者的国家民族意识与文化中心意识被唤醒,中国传统文人士大夫阶层开始向自由知识分子转变。学习新知识新文化固然重要,但民族的传统文化也尤其要继承。

沙大风提倡要在文学尤其是小说部分,刊载思想正直、热衷于宣传中华美德的文学作品,"文学方面,文学不论新旧,总须具有一种新的生命,本报即本此宗旨,刊登文学作品,新旧杂糅,要在兴味醇厚、思想正当,使浇漓社会,渐有古风,譬如讲信义、爱和平等等的美德,均于文字里随时暗示"。其报纸主笔之一还珠楼主的小说和文章就体现了这种理念。张赣生认为:"在民国武侠小说作家

---

① 创刊号的几句话[N].天风画报,1938-09-05.
② 创刊号的几句话[N].天风画报,1938-09-05.

中,还珠楼主也许是最能体现中国传统文化特色的人。在他的书中,始终保持着儒、道、禅的中国特色,他那浅近易懂的半文言半白话的文字风格,也毫无半点欧化腔。这也是值得特别提到的。"①文学中最能体现中国传统文化,文艺报纸要刊载文学作品,传播给市民,就要以此为宗旨,用文学这一"有形"的载体来传播"无形"的美德,使其负有超越作品本身的含义,使作品具有新的生命。报纸的传播功能也正在于此,既发表了作者的文章,又传达了文章背后的内涵,让大众在读报、读小说之余有对现实的反思和感悟。还珠楼主在一封信中谈到《蜀山剑侠传》的创作观念:"唯以人性无常,善恶随其环境,惟上智者能战胜。忠孝仁义等,号称美德,其中亦多虚伪。然世界浮沤,人生朝露,非此又不足以维秩序而臻安乐。空口提倡,人必谓之老生常谈,乃寄于小说之中,以期潜移默化。故全书以崇正为本,而所重在一情字,但非专指男女相爱。"②可见,"忠孝仁义"这一中国传统美德,正是沙大风所提倡的社会价值观。还珠楼主的文字中有丰富的思想,表现了儒、释、道中国文化的精髓,还弘扬儒家忠孝观念、仁义思想、惩恶扬善的精神,提倡人要有同情心,要有宽容的品行,遵循温良恭俭让。这些观念都与沙大风的想法十分吻合。因为"在现今社会里谋生存,似乎家庭问题,是人类生活的基础,本报愿竭力的供给一点新的智识,使一般人知道修身养家,是古人的明训,不可不注意"③。

此外,沙大风还一直把"善念"放在办报的第一位。1928 年到

① 张赣生.民国通俗小说论稿[M].重庆:重庆出版社,1991:257.
② 徐国祯.还珠楼主论[M].上海:上海正气书局,1949.
③ 创刊号的几句话[N].天风画报,1938-09-05.

1931年陕西发生了严重的灾荒,出现了饿殍遍地的悲惨局面。消息传到天津后,各界人士积极行动起来扶危济困。沙大风作为报界、戏剧界的有威望之人,也发声呼吁人们为陕西灾民捐款,并在报纸上积极宣传,认为市民应当抱有"人类同情之心,体念上天好生之德,慷慨解囊"①,以唤醒人民心中已经麻木的善良,帮助他人度过劫难,让陷入天灾中的同胞们有活下去的希望。报纸增版时也提到专门开辟一栏"善业"来宣传各类慈善事件,其中包括宣传佛教,因为佛教是我国"传统哲学",集中体现了"善"字;"佛学是我们东亚最高无上的哲学,佛所说一切,就是我们脱苦厄而登衽席的阶梯,我们沉沦于无边苦海的人们,应当受佛教的洗礼,挽回弥天的劫运,一方面提倡个人道德的修养,人对生物的爱护,力体昔圣先贤的遗训,在家庭勉为善良子弟,在国家社会,做一忠实公民,此则本报于前述义举之外,更进而致其无穷之希望焉"②。"人之初,性本善",20世纪三四十年代的中国社会正处于更新换代之际,如果大众传媒不主动引导,人们就会被各种不同的声音所蒙蔽。而作为民国时期主要的大众传播工具之一,新闻纸的地位非同一般。新闻纸所刊载的内容潜移默化地影响着读者的内心,发扬善念、倡导读者带着同情之心,不仅是当时社会的现实需要,也是新闻纸应该肩负的时代重任之一。

三、社会理念:坚持舆论监督,伸张公理

"新闻纸为舆论之枢纽,亦人民耳目所寄托,设有不合,小则牵

---

① 大风. 为陕灾乞人类同情[N].天风报,1930-05-13.
② 创刊号的几句话[N].天风画报,1938-09-05.

动社会,大则颠覆国家。"①就报纸的这一特点来说,沙大风认为指导社会、监督政府是报纸的天职,社会多一份报纸,就意味着多了一个民众的喉舌,多了一个民众的代表,报纸是"负有大使命的,要竭诚欢迎与爱护,要做真正的民众代表"。坚持舆论监督,才能充分发挥报纸的作用。一方面,报纸理所应当要为社会公众发声,做百姓喉舌;另一方面,报纸也是社会公众监督政府的工具,维护公众权益。1932年的天津电车加价事件引发了市民的强烈不满,《天风报》也对这起事件进行了跟踪报道,监督着各方的一举一动。这起事件涉及天津电灯电车公司、电车工人、天津各行业公会、天津市政府及市党部,十分错综复杂,体现着党政团体及各个利益群体在面对纠纷时的不同态度。在多方如此关注的情形下,《天风报》仍然敢于直接公开事实,多次刊发文章、评论,态度鲜明地抨击不利于民众的行为,彰显了《天风报》伸张正义的报纸品格。

1937年,天津出现灾情,当年冬季戏剧界举办了赈灾义演。沙大风在此次义演前发表文章,主张报纸应当对这类赈灾稿件进行义务刊登,并指责《大公报》这类资本雄厚的大报登载义剧赈灾广告也要收取高额费用的行为。沙大风还指出如果出演义剧还要收取高额费用,那就可以说是"有产阶级剥夺贫民之虐举",并以此提醒各大名伶不要趁火打劫,还点名批评了梅兰芳在往日的义剧中开支费用惊人的问题,言辞十分大胆和讽刺。他说:"此种与贫民夺食之举动,任何人亦不当为,何况名闻全球腰缠万贯之梅大博士乎? ……本报为民众舌喉,职责所在,并将实行严厉监视,向慈善

---

① 新闻管理所奉令整顿津市新闻业[N].天风报,1938-08-31.

会索取开销单据。"①由此看来,《天风报》不仅为民发声,还起到监督舆论、监督政府和社会的作用。在 1939 年 8 月天津发生水灾后,南市地区一片泥泞,沙大风同样连续发表文章《劫后余泥何日得清 为南市数万君户请命》《定海先生出膺艰巨 劫后灾黎得获苏息 教养兼施救济之本》,为灾民发声,请求政府支援,并赞扬方定海等人救灾行善的行为。

此外,一些个人或商店以"招待新闻记者"为由,请各报社的新闻记者吃饭,期望报纸能为他们做宣传。但《天风报》却秉承着这样的态度:"本报平日除政党机关或公共团体之招待,因其有关地方治安或公共利益,故应招出席外,其余私人或商店之招待,往往有吃有喝,鸿门之忧,更怕屈心不说实话,致被雷打之故耳。"②《天风报》在这一点上坚持得如何我们暂且不说,仅其敢于把这些明目张胆地揭载于报纸之上的行为,就需要超迈常人的勇气。从前面引述各例,也能看出沙大风不为任何不利于民众的企业说话,保证不偏不倚、毫无私心的立场,都符合其一贯的办报宗旨。

四、时代理念:弘扬爱国主义,传递精神

沙大风的童年、少年和青年时代,分别经历了中国近代的剧烈变动。一方面,中国的文人士大夫阶层经历了帝国主义列强的侵略、新文化运动、五四运动的洗礼的影响后,忧国忧民的国民意识和天下为公的社会理想被重新唤醒;另一方面,西方文化通过多种渠道传入中国,中国知识分子的传统信仰遭受了巨大冲击,文人的

---

① 大风. 为冬赈义剧敬告诸演员[N]. 天风报,1937-12-18.
② 江北老. 招待新闻记者[N]. 天风报,1933-07-17.

文化中心意识逐渐唤醒。在这种时代背景下,中国传统知识分子在精神层面面临考验:既要承袭强烈的忧患意识,同时内心所忧也不再是"天下唯我中心"的中华文化,而是国家的生死存亡,带有强烈的"天下兴亡,匹夫有责"的责任感和以天下为己任的抱负心。

20世纪30年代的天津,呈现出内忧外患的复杂社会状况。帝国主义列强入侵,再加上军阀割据,在这种情形之下,《天风报》编辑表现出了强烈的爱国情怀和民族意识。国之耻辱令他们极其愤怒,同时也让他们对中国未来的命运十分担心。1933年报纸发布启事:"国难未已,停止贺岁,本报新年并不停刊,此后新闻、副刊、小说尽力扩充改良,用作全体动员中之一部努力",指明此时的编辑方针也在响应时代的召唤。沙大风本人,也在其所擅长的传统戏剧领域发表各类文章呼吁大众参与到救国运动之中,比如他在《各影院剧馆杂耍场均应奋起救国》①中谈到,在国难危机的关头,有人呼吁应该停止一切娱乐,一致对外。沙大风认为对于救国,艺术团体也可以发挥自己的作用,一些义剧、义演可以为前线战士提供军需;另外艺术所赋予的娱乐精神,对于人民的重要性,不亚于衣食住行。因此爱国的责任不应当仅仅依靠执政者们来承担,"要知此时全国动员,无论何人,皆当负责救国,非可躲避于一时耶!"在《阔人应负起救国责任》一文中,他呼吁津市的有钱人与其花一万两万去捧花旦买房子,不如拿出这些钱来救国,救国捐款不应只有少数有钱人和多数普通市民去承担。在爱国这一原则性问题上,沙大风也选择暂时放下自己的戏曲爱好,全力呼吁社会大众团结起来进行救国。

---

① 沙大风.各影剧院馆杂耍场均应奋起救国[N].天风报,1933-02-12.

沙大风作为报社的社长,带头进行爱国行动。他的努力感染了报社的同人,大家纷纷用文字去唤醒读者内心的爱国意识。《天风报》的作者们以笔为利器,在时评、小说、剧评等文章中抨击日本的残暴行为。《日本必断气》一文大声呼吁中国"战到最后的一滴血";《梁启超绝笔》一文借用名人力量来宣扬爱国精神;曾是军人的编辑何海鸣也不断发表文章——《揭破日军阴谋》《颠沛流离中所得之教训》《集中力量以作后援》都表达了他的爱国抗日想法。何海鸣认为与军人在战场上保卫国家一样,各行各业要忠于自己职业的责任,"值此国难关头,各尽其职,各忠其业,以期全国一般之进步,业报者亦唯有努力精进,如作战者之必有真实正确之战略,着眼在大,而用心贵细"①,这也是一种爱国的体现。除了直接发表文章表达爱国主义思想,他在副刊中的小说也以此为题材,进行暗示和影射。此外,《天风报》还利用自己的优势,在所擅长的戏剧领域去传播爱国思想。虽然在国难当头的年代,这份报纸并不是唯一一份宣扬爱国主义的报纸,但像《天风报》以剧评、小说这种大众喜闻乐见的方式来宣传,应该也是为数不多的。

作为报人,沙大风始终认为报纸是国之利器,既要勇于为民发声,也要倾尽全力守护国家,国家的兴旺发达影响着国民,反过来国民也要尽自己的一份力量去支持国家。《天风报》自创刊以来就一直为民发声,哪怕是最终停刊,也是因为要"求宣传效能之充分发挥,体念时艰,谋印刷资材之适当节约"②。沙大风在文章中指出,在战争背后,除了要有经济基础的支持,军事思想阵线也同样

---

① 求幸福斋主. 颠沛流离中所得之教训[N]. 天风报,1933-03-09.
② 大风. 创刊号的几句话[N]. 天风报,1938-09-05.

重要。"在军事胜利之背后,当有健全之经济基础,及坚强之思想阵线,是故增产节约与强化宣传,乃为胜利战线之两翼,此为从事报道任务之吾人所坚信不疑者。"要让全国上下保持同样的思想,就需要报纸有主要的报道方向。而各类琳琅满目的报刊不仅容易让市民分散注意力,疏于关注国事,还会浪费印刷资源。在这种需要举国上下同心协力、一致对外的紧要关头,为了让大报能够有足够的印刷材料和国民影响力,沙大风毅然决定停刊,为大报让出位置来宣传战事,鼓舞士气,"以促成报道阵营时代之进步"。这种以牺牲自我成全大局的精神,不得不让人敬佩。正是办报期间社会各界的鼎力相助,才让这份报纸在天津沦陷后不至于迅速陨落,能继续将国人的审美文化向前推进。沙大风和其同事们始终抱有对读者、国家和社会的感激之心,在报纸即将停刊之际,也告之世人,即使不办报,编辑们在往后的思想阵线上也会继续保持《天风报》自创刊以来的理念。

第二节　沙大风的社会交往

沙大风的社会交往主要体现在他在报馆工作时与其他报人所维持的关系,和作为一名戏评家在天津文化界的社会交际。从与剧界各类人士的合影可以看出,也许是从小在父亲沙鸿勋的耳濡目染下,沙大风极其善于结交朋友。他为人仗义,与各类文艺界名人关系交好。据其子沙临岳回忆:"先父个性古怪,平时总戴副墨镜,很诙谐健谈,不拘小节,是个爱文重义舍家之人。友人说他落拓不羁,有名士遗风。确实,父亲性格洒脱,待人热忱,故在京、津、沪、杭等地,各界朋友众多,跟李征五、罗瘿公、翁偶虹、老舍、严独

119

鹤、秦瘦鸥、杨中中、陈崇禄、杜月笙等社会名流都是知交。他曾对我们说：'如果一旦落魄不堪了，也可以在朋友处吃三年。'"①

图 4-1 沙大风（左）与京剧净行演员金少山合影
来源：《半月戏剧》1948 年第 6 卷第 1112 期

沙大风是京津一带著名的戏评家，他不仅与王瑶卿、余叔岩、孟小冬等名伶有深入交往，还与梅花馆主郑子褒、杨小楼、马连良、谭富英相识相交。沙大风年轻时与荀慧生住得不远，曾经每天早

---

① 俞亦平．一对表兄弟 南北两报人——记报界闻人金臻庠、沙厚烈 [N]．今日镇海，2013-09-04．

晨陪荀慧生遛弯吊嗓,呼吸新鲜空气,见证了荀慧生的刻苦和努力,在荀慧生还未名声大噪前就与其结为挚友。1921年,沙大风在《春声日报》上发表文章,向质疑赵桐珊(赵九龄)的剧评家们解释赵桐珊付出的努力,请求众人给予其更多鼓励。1947年著名剧评家苏少卿创办"空中戏剧电台",沙大风对此提出一些建议,苏少卿尊称他为"吾兄"。此外,一些剧界人士对其文章同样怀有敬佩之情。比如童芷苓父母均为教育界人士,他们认为沙大风文风正义,便让女儿童芷苓拜沙大风为义父。除了戏剧界,在沙大风的交游中文人墨客占比也较多。比如被称为天津"四大书法家"之一和"天津近代诗坛三杰"之一的赵元礼先生,不仅与沙大风相识十一年,还是"黑旋风"的忠实读者。1928年在日租界的明湖春聚会上,二人经袁寒云介绍相识。第一次见面时,赵元礼先生就说他时常阅读沙大风的剧谈,夸赞沙大风"有时能道人所不敢道,君可谓有胆量之人也"。沙大风创办《天风报》期间,他也常常给予指导。1939年赵元礼去世后,沙大风悲痛地表示:"吾遗失一尊师,社会失一完人,文学界失一耆宿,能不痛哉?"①此外,沙大风还与商界名人有较好的联系,比如长城唱片公司的创办人叶庸方、天津中原公司老板黄文谦、宁波小港富商李征五等人,都与沙大风交好。一些天津报人、医生、手相专家等也都曾与沙大风有来往。

沙大风社会交往的广泛,也可以从以下一件趣事中看出。1942年3月14日(农历一月二十八日),沙大风43岁生日时,在日租界中原公司五楼的西餐厅举行了生日宴会,有方药雨(方若)、金

---

① 大风. 我与赵幼老 以明湖春始以明湖春终[N]. 新天津画报,1939-11-26.

图 4-2 沙大风(左)与王瑶卿合影
来源:《天津商报画刊》1935 年第 14 卷第 1 期

息侯(金梁)、王伯龙等四十余人到场。沙大风提前准备了签名册,以便到场嘉宾在签名册上题字或签名。张聊公为其写诗:"二十年来沙大风,歌场啸傲逞豪雄。胸中泾渭谁能辨,笔下春秋断自公。初度芳辰风日丽,相逢俊侣笑言同。羡君遭际风云会,从此飞扬气吐虹(术者为言,自今岁起,将大展宏图)。"学者金息侯也为其作诗:"不愧泱泱唱大风,盛名久仰黑头公(倡导戏曲,善唱黑头)。百花合献花王寿(义女童芷苓等百花献寿),先借春风三百红(花朝前之日为四十晋三荣寿)。"茂泉作诗:"天津风月浩无边,大雅扶轮二十年。今日名流齐献寿,铜琶铁板祝坡仙。"宴席结束后,王伯龙为

图 4-3 沙大风(左)与荀令香(荀慧生之子)合影

来源:《风月画报》1933 年第 1 卷第 13 期

其撰写长诗《寿大风歌》①,反映了当日生日宴会的盛况,其中大体每三句写一位到场来宾,共有四十八句,涉及男女共十七人。诗作首句即为沙大风祝贺:"大风起兮月丽天,琼楼高处唱毕筵,寿星光耀客星前。"随后,叙述了到会的人员,有方药雨、少保(金梁),名伶童芷苓、金又琴,名医郭幼眉,大相士妙之心等人,涉及各行各业,

---

① 王伯龙. 寿大风歌[N]. 新天津画报,1942-3-26.

可以看出沙大风交友之广泛。在宴席上，方乐雨、赵松声向沙大风赠送书画；郭仲林、郭少臣两人演奏了胡琴；童芷苓为其献唱《连环套之黄天霸》，好一番热闹景象。

此外，沙大风的好人缘也体现在读者对沙大风的信任和爱戴上。由于沙大风作为文章主笔的同时，又作为记者，时常不在报社，而很多作者投稿时都会写明"沙大风"或"沙君"收，再加上私人信件，导致信件太多，无法及时处理。沙大风被迫曾刊出"大风启事"告知读者，为了不耽误事情，如果有关于报社事务如稿件、广告之类的信件，收信人就不用写他的名字了，写明"天风报馆收"即可。由此可见当时读者或者对沙大风崇拜有加，或者十分迫切地想要与他交流。

图 4-4　沙大风藏友人赠画
（王琴农画蝶，尚小云画兰，
还珠楼主题识）

来源:《天风报》1933 年 2 月 20 日

第三节 "四大名旦"首创者

京剧中赫赫有名的"四大名旦"是指梅兰芳、程砚秋、尚小云、荀慧生,他们是我国京剧旦角行当中四大艺术流派的创始人,在戏剧界占有相当重要的地位。而"四大名旦"这个朗朗上口的名称,究竟是谁提出来的,在学界还有所争议,目前最普遍的一种说法是"由沙大风于1921年在天津《大风报》创刊号上首次提出,以区别曹锟内阁程克四大金刚",但目前我们无法见到《大风报》原件。还有一种说法是在"'首届京剧旦角最佳演员'活动中,梅兰芳、程砚秋、尚小云、荀慧生当选,被誉为京剧'四大名旦'"。但笔者通过对史料的挖掘,基本确定"四大名旦"的名称出自沙大风之笔。

在沙大风所撰写的《四大名旦之研究》第一篇文章中,就明确阐述了"四大名旦"这个名称的由来。民国十年(1922),北京剧坛只有梅兰芳、程砚秋和尚小云三人特别有名。而一位名叫朱琴心的伶人,受到当时内务总长程克的追捧,每次演出都有程克手下的千八百人作为"御用宣传机关"来为其捧场,有人甚至将朱琴心的技艺排在梅兰芳之后,提出京剧界有"梅朱程尚"四人。后来程克受到弹劾,被列了十二条罪状,"捧朱"竟也算其中一条,自此朱琴心日趋没落,荀慧生逐渐出现在观众的视线里。沙大风说:"不想那位荀老板百忙中从上海款段入都,唱了一出全本《玉堂春》,就大红大紫起来,非但把朱琴心给压倒了,连梅大王也让他三分,那时我在某报上,胡造了一个'四大名旦'的谣言,把朱琴心挤走,成了'梅程荀尚'的四大名旦,没想到居然一唱百和,就此叫得震天价响,后来连上海报纸,也应声而起。这'四大名旦'四字,就像铁一般的结实,到如今也没有跌破一分一毫,现在有人问起这四大名旦的徽号,是谁兴的呢?喏喏喏,是区区不子作的俑,不晓得我将来有没有后代呢。"①而沙大风昔日好友杨中中也在自己的文章中提到"及民十,沙大风发刊《天风报》,恶金刚二字不雅驯也,改称为'四大名旦'"②。由此,可基本确定"四大名旦"这个称号最早出自沙大风之笔,但由于沙大风在文章中所说为"某报",而《大风报》也一直未找到原始文献,其创刊号更无从知晓,因此现在很多资料中所提"四大名旦的称谓是由沙大风于1921年在天津《大风报》创刊号上首次提出"的说法,目前还难以确切认定。

通过《四大名旦之研究》系列文章,可以看出沙大风是一个对伶人有深刻研究的戏评家。曾在《新天津画报》上发表的《戏剧家和评剧家》一文的作者青平认为,评剧家与戏剧家有很多相似之处,同负着促进戏剧向上的重责。"若问剧评有没有价值,那么就问人生有没有价值",还说"人生值得过活么,要看过活的人,剧评值得一写么,要看写的人"③。可见剧评家的文章有真正的价值,不仅能看出一部剧的优劣,还能体现剧评家的人生价值。该文作者还认为一个出色的剧评家应该具备以下三点:思想要在时代思想之前;立场要以艺术为出发点;还要有丰富的感情,以同情为立场。沙大风的剧评文章完美契合了这些要素,他的"同情立场"更多地表现为一种共情感,即他善于发现一部作品的美感,也能一针见血地指出伶人的优缺点。综上沙大风可以说得上是一位优秀的评

---

① 大风. 四大名旦之研究(一)[N]. 新天津画报,1939-06-01.
② 杨中中. 四大名旦得名之源始[N]. 半月戏剧,1947-05.
③ 青平. 戏剧家和剧评家[N]. 新天津画报,1943-12-16.

剧家。

在《四大名旦之研究》中，沙大风从四位名旦的唱工、艺德、个性、嗜好等多个方面进行剖析。这些文章的评论十分中肯，该称赞的地方绝不吝啬，看不惯的现象也绝不笔下留情，他说过"余评论艺事，毫无成见，尤不以感情为左右"，他认为"艺事大，关系国剧整个前途，何者应兴，何者应废，何者应改良，何者不可妄动，伶人浅陋，其责当由学者研讨"。[①]

除了评价，《四大名旦之研究》中还穿插了些沙大风与四人相关的轶事。四大名旦各自有属于自己的艺术流派，1932年四人经长城唱片公司邀请合灌唱片《五花洞》。这件事在当时京剧界乃至整个中国文艺界都是一件大事，可以说是四大名旦唯一一次正面交锋。沙大风用四篇文章的篇幅，写了《四大名旦之研究：灌五花洞唱片之纠纷》一文来介绍此次事件。四人唱剧的排序问题是此次事件的核心。作为"四大名旦"的提出者，沙大风被邀请担当主持人，促成此次事件的长城唱片公司创办人叶庸方和梅花馆主郑子褒，询问沙大风四人该如何排序，他回答道："予力主以梅氏唱末句，则打破次序观念，一切皆不成问题。"但这一提议梅兰芳没有回应，排序一度陷入僵局。最终程砚秋自领第四句，事情才得以解决。为此沙大风夸赞道："是晚程不让步，此片决不能灌成，众对玉霜之谦亦有礼，无不钦服，其实此种次序，决不能作为定论，玉霜之眼光，实较一般为伟大矣。"[②]后来唱片发行，果然引起了社会的强

① 大风. 马连良有整理旧剧功[N]. 新天津画报,1939-07-07.

② 沙大风. 四大名旦之研究(灌五花洞唱片之纠纷 中)[N]. 新天津画报,1939-06-16.

烈反响,销量突破三百万张。

除此以外,在《四大名旦之研究》系列文章中,沙大风还发表了自己对四人独特的见解,称赞四人为真正有功劳、有艺德的伶人。他认为一个京剧演员是否优秀,一定与其艺术修养密切相关,他们的功劳"应该使中国旧艺术,得借名伶之手,以遗留于后世"。比如在《四大名旦之个性》一文里,沙大风根据四人的演戏风格,提出梅兰芳性情偏柔和,适合演闺门旦;程砚秋性格沉默,适合演青衣;荀慧生戏技个性偏滑稽,适合演刀马旦;尚小云个性刚强,适合舞刀弄枪,演重武旦。由此可见"艺事与个性,实有密切关系,所奇者,四名旦之个性,既根本不同,而艺事路数,亦各不相犯,毫不雷同……四大名旦之成功,实在个人有极远大的眼光,方有这样超越之成功也"①。文章开宗明义,很有说服力,这 21 篇文章可以看成是最早对"四大名旦"进行的系统的比较研究。如果说沙大风之前的剧评是零散的、针对个人的,那么《四大名旦之研究》就是一个整体、系统的分析,也可以说是沙大风剧评的巅峰之作。

第四节　沙大风的历史评价

评价一个历史文化人物,不应该仅仅关注于他地位或职务高低,而应该结合客观史料,对其文化思想、文化实践和文化作品来进行全面分析。虽然沙大风在某些方面也有不妥当之处,但总体来看,他的贡献大于缺陷,他为天津新闻史、中国戏剧史留下了一

---

① 　沙大风.四大名旦之研究(四大名旦之个性)[N].新天津画报,1939-06-25.

笔宝贵的财富。中国新闻事业也正因为有了这么一群默默付出的人开路奠基,才有了今天的成就。

沙大风身材高大,体型稍胖,常常穿着一袭长袍马褂,发型一直是平头。有趣的是,无论与谁照相,他总是戴着一副黑色的墨镜,微微昂着头,神情自信从容,从这点可以看出他与众不同的个性。欣赏他的人尊称其为"大风先生",而不喜欢他的人却与他针锋相对,有的甚至写文章来"质问"沙大风。通过翻阅大量民国时期报刊发现,大部分作者的署名都在文章最后,与文章内部字体大小相差无几,几乎要读完才能发现,但沙大风的每篇文章署名都位于标题下方。他多以"大风"为笔名,这两个字十分显眼,再加上他的文章排版行距适宜,内容有自己的语体风格,很容易辨认。笔者认为,"文如其人"也体现在沙大风的写作与编辑能力上,他落笔自信,文字大气。

有时沙大风所写的文章也有点"得意忘形",甚至引来官司。1933年2月8日,《天风报》刊出一位名为"探"的作者(后证实"探"为沙大风笔名)所写的文章——《朱琴心新装假大肠》,这是一则娱乐性质的消息文,文中说"以橡皮裂假大肠接装之,少年云杨姓,捋见之者云,酷似伶人朱琴心"①。这篇短文一经发表随即引起朱琴心的愤怒,一纸诉讼将沙大风告上法庭,在社会上引起轩然大波。在参加庭审之前,沙大风便写下文章《我不入监狱谁入监狱》。他在文中写道:"或谓按刑诉法,法院或有羁押被告可能,君此去恐怕受牢狱之灾,予笑应之,法院对于羁押被告,自有相当条件限制,万一必须羁押,亦当引为快事,要知吾人执笔论文,为民喉

①　探.朱琴心新装假大肠[N].天风报,1933-02-08.

舌,日与恶势力相抗争,所开罪于人者,何只千百,而鄙人十数年来,受人控告,此尚为破题儿第一遭,岂非便宜之至。"同时程克、张聊公两位先生也四处奔走,想要为此事调停。沙大风本来也想息事宁人,但他认为朱琴心所提条件极为苛刻,"较之日本之二十一条相差无几,鄙人岂能忍受",便出庭与朱琴心对峙。沙大风写道:"鄙人出世以来,身经各种社会阶级,而监狱尚未一度莅之,不无耿耿,甚欲借此机会,一瞥监狱风味,他日出狱,必有相当贡献,此则可谓社会人士告愚者也,至于新闻记者向以坐监牢为荣幸,历来大名鼎鼎之新闻记者,皆有坐牢经验,余则窃羡而未能实践,如果法官肯加以栽培,使鄙人亦得因坐牢而跻身于名记者之列,岂非更便宜而更荣幸之事也耶。"①从沙大风面对这个事件时近似戏谑和调侃的态度,能看出他如"黑旋风"般豪爽的性格。然而作为新闻记者,沙大风当时在一些方面做得还不到位,比如写稿不严谨,不能以"酷似""如果"等似有非有的辞藻来吸引读者眼球。随着事情的发酵,《天风报》和沙大风开始以字面意思与朱琴心一方进行辩驳,显然不占优势,最后被判败诉。作为新闻人,无论在民国还是现代,都要尊重新闻报道内容的客观性。这起事件对《天风报》和沙大风的未来发展,应当是起到过警示作用的。

沙大风的某些做法在一些人眼里非常另类。有几篇文章刊登在不同的报纸上,内容直指沙大风在他们眼中不妥当的做法。如《耐格弗要面孔的沙大风》《章遏云与沙熊》《从干闺女说到沙游天先生》等文章,均是批评沙大风的某些不妥当行为。但还是有更多的文章赞扬沙大风讲道理,性格豪爽,乐于助人的为人处世之道,

---

① 大风. 我不入监狱谁入监狱,1933-03-18.

比如还珠楼主的《致沙大风兄》、王伯龙的《赠沙大风先生》等，包括各类文化界名人为其题字、作画、作诗等。

不同于一般文人的儒雅，沙大风有另一面特别的形象。他外显豁达风度，内有侠义心肠，曾有《天风报》的读者将沙大风和"黑旋风"一起评价："沙大风，豪爽意直……'黑旋风'盖即沙大风之象征也，'黑旋风'主持正义，深入人心，危言议事，大多皆大风执笔，快人快语，尤敢发人所未发。前日大风又著论谓应为贪官污吏铸铁像，笔锋犀利，所向无前，此'黑旋风'之真精神，亦即沙大风之真面目，拜读一遍，五体投地，望本此精神，再接再厉，务使贪污绝迹，政治明朗，此尤吾介小民为杳胜祝套也。"①说的可谓切中肯綮。

_____

① 非记者.黑旋风之快人快语沙大风之狮子吼[N].新天津画报,1943-04-04.

第五章 《天风报》的历史贡献

报纸存在于社会,内容或多或少都会受到阶级的影响,不可避免地会带有一定的阶级功利色彩,比如天津《大公报》就带有资产阶级的属性。《天风画报》后期曾被视作一份日伪报刊,原因就在于作为社长的沙大风之政治思想有时代局限性——不管是受社会大环境的影响,还是为了保存报社而不得已的生存之道。"天风三报"虽然有其自身的局限性,最终结果令人嘘唏喟叹,但十四年的风雨历程,这份报纸依然在天津新闻史上留下了浓墨重彩的一笔。

第一节 《天风报》的历史贡献

《天风报》作为一份新闻纸,它显示出了作为大众传播媒介的效力,其中有三点突出贡献:第一,它开创了天津创办小报的潮流;第二,《天风报》为读者构建了一个公共的消闲空间,为作者或者说是撰稿者们构建了一个公共话题的讨论平台;第三,"天风三报"一共存在十四年,无论是报纸的办报理念还是副刊"黑旋风",都有值得现代报刊借鉴的一面。

一、开创天津小报潮流

民国时期的天津,小报并不是主流报刊,尤其当"四大报纸"占据社会主流的地位后,其他报纸纷纷效仿,但大都发展艰辛,小报更是在夹缝中生存,此时《天风报》的出现为天津报业开辟了一条独特的路径,让办小报的风气彻底在天津流传开来。范伯群肯定了《天风报》的这份贡献,他认为《天风报》的创办是基于以下两点:"一、小报办起来比较自由,易于把握,容易被读者接受。二、与办刊相比,办小报不必为稿件的收集、印刷、装帧、销售等环节下大力气。"①从办报的外在条件来说的,这些固然重要,但笔者认为,《天风报》开创津门小报风气还有其内在原因。

一方面,《天风报》的优点在于明确的定位和特点。一份优秀的报纸要吸引读者的目光,就要发挥自己的优势,扬长避短,不仅要从内容上给读者带来丰富的实用信息,在形式上更要追求新颖、美观,以办出自己的特色。小报比起大报来说更加玲珑有致,表述不是那么严肃,内容可以雅俗共赏,上到政界人士,下至贫民百姓,人人都能阅读,其社会地位与力量,与大报一样,都对社会起着较大的影响作用。曾有读者投稿评价《天风报》道:"夫小报以流利风雅为主,其内容除特约长篇说部外,举凡富有文学价值之小品文字,短篇诙谐,记游记事之类,尽景搜罗,逐日刊登,以增加阅者兴趣,至于似通非通,不伦不类之文字,一概拒收,以免玷污一块干净净土也,即使偶遇稿荒,亦当严守宁缺毋滥之戒,阅者久以冷眼遍

---

① 范伯群.中国近现代通俗文学史(下卷)[M].南京:江苏教育出版社,2010:536.

观各报,其佳者多于吾风之精神一贯,始终不懈,故能抗衡报林,牢固地位。"①《天风报》的另外一点优势则来源于有责任感的编辑。编辑要对稿件进行筛选和摘取,责任十分重大,能够起到稳固报刊地位与名誉、发扬小报特色的作用。而民国时期的小报多刊登"不堪之作",内容或杜撰,或抄袭,文笔欠佳,甚至满版都是报道、描写情爱文章,对一些青年男女的心理发展和人格塑造都有极其不好的影响。《天风报》的编辑始终秉承精益求精的观念和宁缺毋滥的原则筛选稿件,所刊载的文章内容风雅,小说、文字有其要表达的文学价值,短篇、游艺类文章则诙谐有趣,坚守着报纸的基本办报理念。

二、构建市民公共空间

报纸媒体并非单纯的纸质大众媒介与传播思想的工具,而是一个比较庞杂的文化机构。它并非孤立地存在于社会之中,而是与报纸的发行者、报纸所呈现的内容和报纸所面向的读者处于一定的关系之中,形成一个表达的空间。这种表达的空间既是读者公共的休闲空间,可以传递娱乐精神,满足他们的消闲性需求;也是作者的舆论空间,便于他们文字上的交流互动。

《天风报》的内容十分丰富,涵盖了市民生活的各个方面,"小报第一次把市民休闲娱乐需求从众多的市民生活需求中分离出来,并把它确立为一块有潜力的市场,为中国近代文化产业的发展做出了贡献"②。正因为《天风报》为天津读者开辟了一处公共的

① 彝曾.谈小型报纸[N].天风报,1938-06-26.

② 孟兆臣.中国近代小报史[M].北京:社会科学文献出版社.2005:21.

休闲空间,所以才十分受推崇。在这里除了可以关注到国内外和本市要闻,还有各类丰富的版面供读者休闲阅读,比如"世界瞭望塔"栏目介绍中国以外国家的趣事;"国内一隅"每期会介绍一个城市,突出其典型特色;"稀奇古怪"栏目介绍世界上发生的各种奇闻;各式各样的广告可满足市民的消费欲望……这份小报在读者心中占有十分重要的地位,曾经《天风报》因为要迁移馆址而停刊数日,市民们十分着急,王伯龙曾专门写文章表示了对该报的想念:"百闷之中,更填一闷,绝似日必晤面之故人,遽唱分襟,其情亦足黯然销魂矣,兹幸复刊数日,把握叙旧,此婀娜有致之黑旋风,又将活泼泼地距踊于吾人左右,其乐乃至无艺。"①此外,"黑旋风"更是作为直面市民大众的文化媒介,在向天津市民输送戏剧等资讯的同时,也为戏剧观众提供了一个讨论戏剧艺术的平台。《天风报》的这种开放性使其逐步成为天津市民参与文化活动的一块"公共领域"。

另一方面,《天风报》构建了一个作者们的舆论空间,以便作者们进行文字上的互动和表达。许纪霖等人在《近代中国知识分子的公共交往》中就提到,对于 20 世纪 20 年代的平津地带而言,除了政治上的公共领域,还存在着一个类似哈贝马斯所说的文学公共领域,这种领域一开始就依赖虚构性的文学而建立,围绕着这些报纸的文艺副刊,一个以北平学院知识分子为主体的公共空间才逐渐成形。② 1936 年《天风报》就在副刊"黑旋风"上明确了这份报

---

①　伯龙.士别三日[N].天风报,1933-03-11.

②　许纪霖.近代中国知识分子的公共交往[M].上海:上海人民出版社,2008:334.

纸为"园地共有",是社会各界人士"以文会友"的场所,并大力鼓励新旧作者投稿。"本风旨趣,以文会友,投稿诸君,同奋身手,遣兴怡情,园地共有,略备文玩,聊筹高厚,敬请帮忙,同人顿首。"在副刊这块公共园地内,和编辑们随时与读者进行交流,编者、作者与读者你来我往进行辨析。比如刘云若主编"黑旋风"时,他比较看重旧体诗,"黑旋风"便为当时天津的旧体诗人提供了发表阵地,这个做法既团结了当时的旧体诗人,也使得"黑旋风"这块通俗园地能频传雅音。语言上,作者们往往文笔犀利,爱打抱不平,直言不讳;而在内容上,他们则表现出一种敢为人先、革新思想的理念,反对各种陋习,对当时出现的新思想、新气象、新风尚大力宣传,对旧时代的旧思想不遗余力地反对,提倡人民的平等自由。另外,《天风报》与作者和撰稿者更多的互动在于戏剧和慈善方面。沙大风曾多次就一些戏剧问题,请求戏剧研究者撰写评论和文章。对戏剧界提出批评的文章是他喜欢的一类。这些文章被刊登在报纸上时,常常还会附着"大风按",加上沙大风自己的看法,将其称之为"一个有趣的问题",而后作者来信会以《对于"一个有趣的问题"之我见"》作为题目进行回复。这样一来爱好戏剧的人士便一起构建了一个畅所欲言的平台。此外,《天风报》还多次刊出为了救济社会文贫的征文启示,给出一个题目,征集稿件后由编辑部进行评分,给前几名以现金奖励。这种征文形式不仅补助了一些有才华但生活贫困的文人,还极大地促进了撰稿者与编辑们之间的互动,不得不说是该报最成功也是最有意义的空间互动形式。

此外,该报从来不畏强权,将报纸作为公开的舆论空间,敢于自我批判,也敢于批判他人。前述1933年《天风报》因"朱琴心安装假大肠"的新闻,被伶人朱琴心一纸诉状告上法庭一事,《天风报》连续报道了这件事情的起因,并发表文章《朱琴心诬告本报耶正式质问大公报》。"本报成立以来,自负敢言,尤其不愿我们自己办报的人以不善的智识和不正当的评论欺蒙社会而还自居指导社会忘却人间羞耻,所以本报中敢言的对象,不幸就常常在我们同业了,因此,而结怨是当然的……以文乱法的事不是我们做的,以武犯禁的口头禅倒要改良改良。"①这起事件作为《天风报》办报过程中一个较大的负面新闻,如何报道、该报道什么内容,都是沙大风与编辑们考虑的重点。而这起事件在当时的天津引起了轩然大波,《大公报》《晶报》等报刊也曾进行报道,但在一些内容方面有失公允,才出现了上述《天风报》"正式质问《大公报》"一文。《天风报》一方面是为了维护自己的形象,另一方面也是为了体现其客观公正不偏袒任何一方的立场,将每次法庭中的具体内容、各方声音一一公布,先后发表了《朱琴心控沙案昨日开庭》《朱琴心控沙案开庭详记》《大肠与私德》《天风从此添声价》和沙大风的《我不入地狱谁入地狱》等文章。报纸多次刊文与读者、作者共同探讨热点事件,是该报构建公共空间的一个具体表现。

三、对现代报刊的借鉴

一般来说,副刊由小报演变而来,相较于大报来说,副刊是大报之中的小报,又被称作"报中报"。《天风报》本来就是一份市民小报,但其副刊占了二分之一的版面,形成了"小报中的小报"这一独特的版面格局,可以说在当时的社会上显得十分另类,但也正因如此,才吸引了对小报和戏剧类游艺文章感兴趣的读者。另外,小

---

① 江北老.三年来的本报[N].天风报,1933-02-20.

报的历史影响也逐渐渗入到众多的现代报刊中。20 世纪 90 年代以来，我国传媒领域的小开张报纸如雨后春笋般进入读者的视野，并迅速发展达到辉煌的顶峰。小报以服务社会、贴近民生的办报理念而赢得读者的关注，有些定位明确的，在创刊后短时间内就会获得较高的评价和赞誉；而有些定位混乱的，则在发展过程中逐渐退出人们的视野。如今面对新兴媒体的强烈冲击，传统媒体尤其是报纸纷纷探索转型之路。就在众多报纸纷纷弃守副刊阵地时，天津《今晚报》却不断强化"今晚副刊"版面，以贴近时代、短小精悍和灵活多样的文艺风格赢得了读者的青睐。2017 年至 2019 年，"今晚副刊"的文章转载率连续三年居于全国报纸榜首，支撑起了《今晚报》半数以上的发行量。上海《新民晚报》的副刊"夜光杯"也大致如此。如果我们加以深入探究，就会发现"今晚副刊"和"夜光杯"走的都是当年京津沪小报副刊的办报思路，与《天风报》所提倡的办报宗旨也高度契合："无论文言白话，亦皆有其意义价值，而撰稿投稿诸公，又均为博学通儒，一时知名之士，其文笔之酣畅典雅，语体之流利简洁，寓意之惟中惟正，记事之亦庄亦谐，讽时医世，勤善微淫，犹足以辅助教育，左右人心，使读者喜怒惯，景仰爱护之余，益觉不可一日无此君，以益智广闻，遣怀排闷，然则小报人人之深，亦云伟矣。"①因此，虽然时间已经划过将近百年，但《天风报》的诸多理念对当今报业发展仍然存在启迪借鉴意义。若能做到上述内容，使读者将阅读一份报纸的习惯融入日常生活，不可一日不读，该报本身的内在价值其实就已经实现了。

总体来说，民国小报版面数量相对少，排版紧密，信息冗杂，但

---

① 彝曾.谈小型报纸[N].天风报,1938-06-26.

有很强的消闲性和娱乐性,这样的特点不仅能够使报纸发行商获得良好的经济效益,也对都市文化的多元化发展做出了贡献。小报研究的出现和兴盛,或许能给当今处在迷茫之中的报纸带来借鉴思路和改版灵感——在当今这个信息爆炸的时代,报纸尤其是小报更需要找准自己的定位:"生活当中,能够'做大',固然可喜,但有时,从小处寻机会出效益,亦不失可贺之资。故曰,小有小的用处。证诸世间万事,信然!"①

第二节 《天风报》的历史局限

虽然《天风报》在天津地方新闻史研究中有十分突出的历史贡献,但它也存在一定的历史局限。刚创办时期的《天风报》还处于探索风格的阶段,很多内容也免不了模仿或参照其他一些小报的风格。《晶报》有一篇文章就曾写到《天风报》初创时内容与《晶报》大同小异,有"抄袭"的嫌疑。但随着沙大风办报理念的逐渐明晰,《天风报》办出了属于自己的特色。此外笔者在研究过程中还发现了该报的一些其他缺点,比如在《新天津画报》后期,也许是由于资金紧缺,原本的社会版几乎整版都在刊登广告,将要闻版和社会版压缩在一起,看上去不太美观。其间偶尔还会出现抄袭或仿写类文章,但被读者指出后都做了更正和道歉,从这一点也可看出该报受读者的爱护程度之深。但最为严重的是,后期报纸的政治立场发生了严重偏差,这也间接导致了"天风三报"的最终陨落。

在动荡不安的战争年代,《天风报》受社会背景和政治政策等

---

① 张曦月.飞报研究[D].长春:吉林大学,2008.

各个方面的影响,其内容特点开始发生偏差,沙大风的办报思想也难以为继,尤其是"坚持舆论监督"和"弘扬爱国主义"很难真正做到,甚至容易走向相反的一面。从《天风报》的后期到《新天津画报》,这份报刊逐渐发展成为一个"畸形产物"。因为其政治立场发生偏差,不仅丧失了小报和画报的特点,还沦为日伪政权的"帮衬",甚至有学者将《天风报》归类为天津沦陷时期的日伪报刊。1937 年 7 月 29 日天津沦陷后,《大公报》合并,《益世报》和《天津商报》相继停刊。同年 8 月开始,日本特务机关命令在天津出版的报纸和通讯社进行重新登记,同时派遣日本特务竹内监督伪天津新闻管理所。这一时期被批准复刊的报纸和通讯社共有 31 家,其中就包括《天风报》。1938 年初,天津特务机关又借口"新闻统制",取消所有私人通讯社及半数以上的报刊,这时天津只剩下 17 家报刊①,《天风报》仍在其中。1942 年初到 1943 年,日本大力推行"大东亚经济共荣圈"的计划,实施《基于黄海渤海低于国土计划之华北产业建设要纲(1943—1957)》,在华北地区实施"强化治安"运动。② 这项政策同样波及文化界和新闻界,作为"政治"发声的利器,华北地区的报纸吸引了日军目光。日本帝国主义"北支派遣军"报道部下令"统制"新闻,在天津,经过严格审查,除了《庸报》之外,只有 7 家报纸被允许继续出版,其中也包括《新天津画报》,沙大风通过北平《三六九画报》社长朱书坤以行贿的方式使报纸得

---

① 马艺等著. 天津新闻史[M]. 天津:天津人民出版,2015:369.
② 张同乐. 华北沦陷区日伪政权研究[M]. 北京:生活·读书·新知三联书店,2012:292.

以保存。① 另外,《新天津画报》的报馆位置位于日租界福岛街,作为一份对天津市民有影响的报纸,它最终也未能幸免于难,接受日军成立的"天津新闻管理所"的管控。

"天津新闻管理所"严格控制报刊的发行,除了审查报纸原本的内容以外,对新闻报道的内容严格控制,坚决不允许发布反日、抗日言论。当时的新闻宣传大致分为三个方向:正面宣传,攻势宣传和谋略宣传。正面宣传主要掩护日军的侵略行径、美化其侵略性质,实际上是蒙骗中国人民;攻势宣传主要是为了夸大日军的神武,宣扬日军的不可战胜;而谋略宣传中,每一时期的宣传是和日军的政治、军事目标相配合的。② 自从 1941 年 6 月 28 日开始,《新天津画报》第一版不再是"黑旋风",而是出现了一则新闻——"肩负东亚复兴重任 汪主席与日本名士之倡和"。从这一天开始,报纸上报道日伪政权的新闻不断增加,直至占据整个第一版。除了新闻报道,报纸还在报头打出各类宣传"自强运动"或"大东亚共荣圈"的标语,并刊载了几部自强运动的小说,还有一些"剿共"漫画、反共文章和照片等,有时还会就日伪政权的重要讲话发布特刊,主要内容就是宣传反共思想。1943 年 12 月 31 日《新天津画报》宣布停刊(但根据沙大风的档案显示,停刊原因是"日寇勒令停刊"),也标志着"天风三报"的结束,而沙大风从 1941 年开始,也不再像从前一样在报纸上频繁发表文章了,这几乎意味着沙大风报人生涯的结束。一份饱含报人心血的报刊最终由于定位混乱,走向匆匆

---

① 孔芙蓉.天津日租界报刊文化侵略本质研究[D].天津:天津师范大学,2013.

② 李云科.天津日租界报刊研究[D].天津:天津师范大学,2016.

停刊的结局,而曾经在天津报界"叱咤风云"的"黑旋风"也就此消散,然而这绝不是创办人所愿意看到的。或许是由于时局的影响,或许是报人为生计所迫不得已而为之,但这份报纸的改变和停刊,都是令我们感到惋惜的。不过也正是因为这些报纸在历史中留下的印记,才让我们更加明白中国新闻事业发展的艰辛。

结　语

结
语

　　本书的基础是我的硕士学位论文，增补修改后能够出版，对我来说是一桩幸事。

　　从20世纪20年代到20世纪40年代，沙大风在新闻出版的岗位上工作了二十多年，而写作贯穿了他的一生。在报社的工作生活，占据了他人生中精力最丰富的二十年，"天风三报"也走过了十四年的风雨路程，期间经历了辉煌，也遭遇过同行的妒忌和负面新闻的影响。虽然这份报纸和很多知名大报相比起来存在时间不很长，流传范围也不够广泛，甚至现今也不为人们所熟知，但它在很大程度上成就了沙大风，使其成为天津报界名人；反之，沙大风的思想和实践也成就了《天风报》，使之在天津新闻史、中国小报史乃至戏剧研究史上，都书写了十分独特的篇章。

　　笔者对《天风报》的分析，从版面上的黑白文字，深入到文字背后的沙大风报人生涯，比较完整地探析了一份小报及其主人的成长经历，希望能以此打开一个针对小报做详细研究的新局面。作为小报，这份报纸历来不受研究者重视，但笔者走近这份报纸，发现了《天风报》独特的价值与地位。它除了向我们提供了民国时期

143

的珍贵史料外也为我们和研究报业发展开辟了新角度。本书的撰写，也使我深深地认识到，一个专题研究不只是单一专业领域的探究。新闻史研究除了涉及新闻学和传播学，还融合着历史学、社会学、民俗学、艺术学和文学等诸多学科，而要认真做好一项研究，背后要做的准备工作、整理工作和总结工作更为繁重，也最为值得。我还有很多需要学习的地方，这些也是不断促进我在未来进步的力量。

1943年12月31日，《新天津画报》刊出最后一期，报头部分写着"本报出版第十四年"。在沙大风的心中，"天风三报"从1930年创刊到1943年停刊，始终没有中断过，无论是《天风报》，还是《天风画报》《新天津画报》，在他心中都是同一份报纸，都是他人生绝大部分心血的凝结。报纸最终停在了"第五〇五二号"，这5052份报纸，是沙大风十四年报人生涯的全部体现。当我一页页翻过它们的时候，展示在我眼前的不是一个个被历史沉淀的汉字，而是一个饱满的天津报人形象。在这里，我似乎看到了作者与读者之间密切的交往，听到了民国时期戏院、舞场、影院的嘈杂鼎沸，见证了"黑旋风"上各类文章的"百花争鸣"，甚至还回到了丰富广告所传递出的民国的天津……对我来说，沙大风不仅是一个优秀的报人，还是一个会演戏的剧评家，是一个善于挖掘的新闻记者，是一个朋友遍天下的编辑。通过他的报纸、他的文章，以及具体的戏评文字，我了解了戏剧，了解了民国通俗小说的繁荣发展，了解了民国时期天津的文化名人，还了解了文人笔下的社会万象……那是个回不去的年代。但也正是因为这些珍贵的文字，才让新闻史研究越发有意义。这也正应了沙大风的一句话——"凡事愈研求则妙理愈见！"因此，对我来说，在两年珍贵的读研时光能够与这样一位民国报人产生跨越时空的交流,是何等幸运!

　　两年的学习与研究,最终凝聚成这部十万多字的著作。虽然沙大风和《天风报》在历史上早已落下帷幕,但我眼中的民国报人仍是活灵活现的——沙大风用自己的实际行动,坚定地践行着自己的报学理念和人生价值。我相信,与他一样沉没在历史长河中的民国报人不在少数,而作为青年学子,我们在践行着挖掘学术价值使命的同时,也应该在研究中有所收获,坚定自己的职业理想,并不断为社会做出贡献。

参考文献

[1]沈史明.我国小型报发展简述[M].北京:中国人民大学出版社,1983.

[2]姚公鹤.上海报纸小史[N].东方杂志,1916-04-12.

[3]孟兆臣.中国近代小报史[M].北京:社会科学文献出版社,2005.

[4]包天笑.训影楼回忆录[M].香港:香港大华出版社,1971.

[5]马崇途.小报之价值[N].福尔摩斯,1926-10-10.

[6]李楠.晚清、民国时期上海小报研究——一种综合的文化、文学考察[D].郑州:河南大学,2004.

[7]童兵、陈绚.新闻传播学大辞典[M].北京:中国大百科全书出版社.2014.

[8]赵君豪.中国近代之报业[M].民国丛书第三编,上海:上海书店,1991.

[9]王吴军.张爱玲:我是小报的忠实读者[J].文史博览,2016(8).

[10]金景芝.民国时期的戏曲理论研究[D].北京:中央民族

大学,2012.

[11]顾臻.读天风报札记之十:补遗篇.品报学丛[M].天津:天津古籍出版社,2014.

[12]俞亦平.一对表兄弟 南北两报人——记报界闻人金臻庠、沙厚烈[N].今日镇海.2013-09-04.

[13]方明列.弯弯曲曲"九弯弄"——镇海城区一条特别的弄堂[N].宁波晚报.2013-10-20.

[14]大风.致刘云若兄[N].天风报,1930-05-08.

[15]游天.开场白[N].北洋画报,1928-03-24.

[16]游天.荀慧生有整理旧剧之功[N].北洋画报,1928-04-04.

[17]游天珍藏.荀慧生山水近作[N].北洋画报,1928-04-04.

[18]李文健.略论近代天津报纸副刊的发展轨迹和编辑特色(1895—1937)[J].东南传播,2005(3).

[19]沈苇窗.一代奇女子"冬皇"之由来[J].中国戏剧,2008(1).

[20]赈灾义剧中之孟小冬两出戏[N].新天津画报,1939-10-07.

[21]孟小冬女士致沙大风先生之一封亲笔信[N].北洋画报,1929-05-07.

[22]张麒麟.还珠楼主也是一位老报人[N].今晚报,2013-01-27.

[23]刊物总介.天风报出版明天与读者相见[N].大公报(天津版),1930-02-19.

[24]俞志厚.1927年至抗战前天津新闻界概况[J].新闻研究

资料.1982(4).

[25]记者.小型报之困难[N].天风报,1936-6-3.

[26]大风.本报三周纪念之辞[N].天风报,1933-02-20.

[27]马艺.天津新闻传播史摘要[M].北京:新华出版社,2005.

[28]本报社长沙大风先生昨收童芷苓为义女[N].天风画报,1939-01-14.

[29]倪斯霆.沙大风与新天津画报[N].今晚报,2019-06-08(7).

[30]游天.近今旦角之两大派[J].红杂志,1922(13):50-52.

[31]沙游天编.白牡丹(留香集)[M].北京:京城印书局,1927:序(十二).

[32]大风.国剧生命之将来[N].天风画报,1938-09-05.

[33]王柱宇.沙大风之鲁肃[N].新天津画报,1942-06-28.

[34]沙大风、陈大汉.和沙游天兄五十书怀用步原韵[N].申报,1940-03-12.

[35]天风报彻底革新[N].大公报天津版,1936-02-29.

[36]马艺.天津新闻传播史[M].天津:天津人民出版社,2015.

[37]周雨婷.双面"津味":以《北洋画报》与刘云若小说为中心[D].苏州:苏州大学,2015.

[38]沈史明.小型报纸的基本知识[M].北京:中国人民大学出版社,1984.

[39]明波.贺学生版创刊[N].新天津画报,1940-10-26.

[40]范伯群.中国近现代通俗文学史[M].南京:江苏教育出

版社,2010.

[41]谭云明.浅谈报纸副刊与现代文学的整合[J].湖南第一师范学报,2002(2).

[42]郭武群.民国报纸文艺副刊的相对独立性[J].天津大学学报(社会科学版),2007(2).

[43]张赣生.民国通俗小说论稿[M].重庆:重庆出版社,1991.

[44]孟兆臣.洋场才子——中国近代文艺市场的第一代开拓者[J].上海师范大学学报(哲学社会科学版),2002(5).

[45]付德雷.《申报》与戏曲传播[D].南京:东南大学,2006.

[46]苏茜."平民的"戏剧由《北洋画报》游天所撰《戏剧是"平民的"》说开去[J].民族艺林,2018(5).

[47]木刻专页面开场白[N].新天津画报,1941-04-06.

[48]本报今后所贡献于社会者[N].天风报,1936-11-11.

[49]倪墨炎.30年代大公报文艺副刊的启示[N].文艺报,1988-05-28.

[50]原.人品与文章[N].天风报,1933-02-21.

[51]情海归帆序[N].新天津画报,1939-07-08.

[52]唐鲁孙.我所认识的还珠楼主[N].民生报,1982-06-20.

[53]观贤、观鼎.回忆父亲还珠楼主[N].人民日报:海外版,1988-03-24(7).

[54]王宗辉.武侠小说之作者名世悖论研究——以还珠楼主、宫白羽、金庸等人为例[D].郑州:河南大学,2017.

[55]大风.介绍一部武侠名著[N].天风报,1933-03-27.

[56]何海鸣.求幸福斋主随笔[M].上海:上海书店出版

[57]倪斯霆.文人姚灵犀:写妇女缠足遭牢狱之灾[N].湖南工人报,2014-05-07(7).

[58]杨大辛.刘炎臣晚年脱颖而出[N].天津日报,2019-08-06.

[59]冯并.中国文艺副刊史[M].北京:华文出版社,2001.

[60]姚福申、管志华.中国报纸副刊学[M].上海:上海人民出版社,2007.

[61]卢珊珊.符号、符号化与符号异化释义[J].晋中学院学报,2008(1).

[62]施耐庵.水浒传[M].北京:人民文学出版社,1997.

[63]伯龙.士别三日[N].天风报,1933-03-11.

[64]伯龙.黑旋风三周赋贺调寄一半儿(仿自由韵)[N].天风报,1933-02-22.

[65]灵犀.天风从此添声价[N].天风报,1933-02-20.

[66]大风附记.志某报社同人戒条[N].天风报,1933-02-15.

[67]本报今后所贡献于社会者[N].天风报,1936-11-01.

[68]英敛之.论新闻纸之势力[N].大公报,1908-08-24.

[69]大风.本报三周纪念之辞[N].天风报,1933-02-20.

[70]创刊号的几句话[N].天风画报,1938-09-05.

[71]张赣生.民国通俗小说论稿[M].重庆:重庆出版社,1991.

[72]徐国祯.还珠楼主论[M].上海:上海正气书局,1949.

[73]大风.为陕灾乞人类同情[N].天风报,1930-05-13.

[74]新闻管理所奉令整顿津市新闻业[N].天风报,1938-

08-31.

[75]大风.为冬赈义剧敬告诸演员[N].天风报,1937-12-18.

[76]江北老.招待新闻记者[N].天风报,1933-07-17.

[77]大风.各剧院均要奋起救国[N].天风报,1933-02-12.

[78]求幸福斋主.颠沛流离中所得之教训[N].天风报,1933-03-09.

[79]大风.我与赵幼老 以明湖春始以明湖春终[N].新天津画报,1939-11-26.

[80]王伯龙.寿大风歌[N].新天津画报,1942-3-26.

[81]大风.四大名旦之研究(一)[N].新天津画报,1939-06-02.

[82]青平.戏剧家和剧评家[N].新天津画报,1943-12-16.

[83]大风.马连良有整理旧剧功[N].新天津画报,1939-07-07.

[84]大风.四大名旦之研究:灌五花洞唱片之纠纷(中)[N].新天津画报,1939-06-16.

[85]大风.四大名旦之研究:四大名旦之个性[N].新天津画报,1939-06-25.

[86]探.朱琴心新装假大肠[N].天风报,1933-2-8.

[87]大风.我不入监狱谁入监狱[N].天风报,1933-03-18.

[88]非记者.黑旋风之快人快语沙大风之狮子吼[N].新天津画报,1943-04-04.

[89]彝曾.谈小型报纸[N].天风报,1938-06-26.

[90]伯龙.士别三日[N].天风报,1933-03-11.

[91]许纪霖.近代中国知识分子的公共交往[M].上海:上海

人民出版社,2008.

[92]江北老.三年来的本报[N].天风报,1933-02-20.

[93]张曦月.飞报研究[D].长春:吉林大学,2008.

[94]张同乐.华北沦陷区日伪政权研究[M].北京:生活·读书·新知三联书店,2012.

[95]孔芙蓉.天津日租界报刊文化侵略本质研究[D].天津:天津师范大学,2013.

[96]李云科.天津日租界报刊研究[D].天津:天津师范大学,2016.

附　录

一、沙大风年表

1900 年(清光绪廿六年 庚子) 1 岁

　　1900 年 2 月 27 日,沙大风出生在浙江镇海九湾弄(今浙江省宁波市镇海区),原名沙厚烈,号咏冕,笔名游天、大风、微臣、探、再探、缺德。号挽谭余室,沙氏乐府。与第一任妻子(姓名、情况均不详)育有二子。长子沙临川,次子沙临岳。第二任妻子名为卢犀。

　　沙大风祖父为商贩,靠贩卖猪肉为生,供儿子沙鸿勋读书。沙鸿勋即沙大风的父亲,号志甫,生于光绪年间,镇海城内区人,人称阿槐先生,曾供职于宁波四明银行,创办镇海彪蒙学堂,建立了贫民习艺所。

　　沙大风生母为孟氏,又有母乐太夫人,据 1938 年 12 月 8 日《天风画报》中刊登的一则讣告推测乐太夫人当为其嫡母。沙大风共有兄弟五人,分别为沙厚礼、沙厚圻(号咏沧)、沙厚烈、沙厚钧、沙厚铭。其中沙厚礼和沙厚圻过继给了别人,因此在讣告中列入"降服子"。沙大风下一辈的男孩子的字分别为沙世轸、沙世钿、沙世铨(沙临川)、沙世康(沙临岳)、沙世荣、沙世林、沙世璋,女孩子名为沙逸仙、沙满仙、沙余仙。

沙大风大哥沙厚礼住在宁波镇海,与父母一起生活,四弟沙厚钧和五弟沙厚铭在上海经商,二哥沙咏沧与沙大风同在天津生活,曾担任过启新洋灰股份有限公司北京办公处处长,还在 1950 年与佛教界人士在北京发起创办现代佛学社,联合出版了刊物《现代佛学》。

沙大风表兄弟为金润庠(被称为"造纸大王",是民国时期中国四大造纸厂的重要创始人和股东之一)、金臻庠(宁波第一张民营白话文报纸《时事公报》的创始人)、金安庠。

1911 年(清宣统三年 辛亥) 12 岁

沙大风在家乡宁波镇海读书。

1912 年(民国元年 壬子) 13 岁

在家乡读过小学后,沙大风奔赴上海求学。

1917 年(民国六年 丁巳) 18 岁

沙大风在交通银行上海分行做会计实习员。

154

1921 年（民国十年 辛酉）22 岁

据载沙大风创办《大风报》，然迄为见到原件。

沙大风做编辑，提出"四大名旦"称号，指梅兰芳、程砚秋、荀慧生、尚小云四人。

1922 年（民国十一年 壬戌）23 岁

2 月 21 日，沙大风在上海"白社"成员严独鹤主编的《红杂志》上发表文章《近日旦角之两大派》，为处于事业起步阶段的荀慧生宣传造势，且将荀慧生与梅兰芳相提并论为旦角"两大派"。

1923 年（民国十二年 癸亥）24 岁

7 月 24 日，其子沙临川出生。沙临川，字世铨，毕业于北平辅仁大学（后该校移至台湾），后进入台湾大学中文系学习，曾担任台湾省基隆市政府股长，70 岁后移民澳大利亚，在澳大利亚时十分热心公益，积极帮助华人，朋友们都称他为"沙大使"，沙临川的妻子名为章家珍，共育有七子一女，沙临川于 1998 年 9 月 28 日去世。

1925 年（民国十四年 乙丑）26 岁

5 月，由于工作的内部调动，沙大风在北京的交通银行总行任职。

1926 年（民国十五年 丙寅）27 岁

沙大风仍在交通银行总行任职。

8 月 1 日，上海小报《小日报》复刊，沙大风作为该报的特约撰述人在报纸上发表文章，直到 1927 年底。该报的其他著名撰稿人还有袁寒云、包天笑、周瘦鹃、不肖生等人。

1927 年（民国十六年 丁卯）28 岁

沙大风仍在交通银行总行任职。

组织上海"白社"成员，共同编辑出版了以荀慧生艺名命名的专刊《白牡丹（留香集）》。这是上海"白社"用来宣传荀慧生的重要刊物，也是荀慧生艺术生涯中第一份个人专集，书中将近一半内容都是对其剧艺的评价，包括"投赠"和"月旦"两个类目，有各类名人对其剧艺进行评价的文章，沙大风也撰写三篇文章《盛极一时之战宛城》《梁宅采觞记》《荀慧生二度留音记》，评价荀慧生的技艺，更是在其中亲自撰写《荀慧生小传》。

1928 年（民国十七年 戊辰）29 岁

1 月 1 日，天津中原公司（即天津百货大楼前身）开幕，沙大风与该公司经理黄文谦建立关系。

3 月，交通银行总行迁往上海，沙大风没有跟随银行的工作调动返回上海，而是选择留在天津，任职《北洋画报》编辑。

2月29日《北洋画报》"戏剧专刊"创办,沙大风主编"戏剧专刊",他因此成为"第一个戏剧专刊主编"。按:

根据沙大风1956年的入职登记表可以看出,他隐瞒了一些工作情况,只说明在《天津商报》工作的经历,并没有提及《北洋画报》任职经历。

1928年4月,沙大风作为"白党"首领,开始集中发表文章极力宣传京剧艺术家荀慧生及其戏剧。在4月4日的专刊上,沙大风发表了文章《荀慧生有整理旧剧之功》,对荀慧生有整理旧戏剧的伟大功劳予以了高度评价,还在《北洋画报》策划了"荀慧生号"。

6月,沙大风离开《北洋画报》,加入刚创办不久的《天津商报》,主编"游艺场"副刊。他极力吹捧女伶孟小冬,在"游艺场"上撰写"孟话",专门记述孟小冬的生活起居,并称孟为"冬皇"。

是年,在《北洋画报》做主笔期间,沙大风结识了刘云若、王小隐等天津文化名流。

1929年(民国十八年 己巳) 30岁

9月28日,《北洋画报》"戏剧专刊"刊载沙大风的短文"中原荀讯",介绍荀慧生将在天津中原剧场演出的戏讯。

12月27日,《上海画报》刊出消息:"天津将有大风报,刊行者为名记者沙大风君,定于元旦出版,日刊两张,印刷自备,馆址天津日租界福岛街,内容取材,一切均极丰富云。"

1930 年（民国十九年 庚午）31 岁

2 月 19 日，天津《大公报》第 10 版的"刊物总介"向读者介绍了《天风报》及即将出版的时间、内容及报刊作者："沙游天君创办之《天风报》，筹备多时现定本月二十日出版。日刊一小张内容注重文艺小品，格式取材甚为新颖丰富。编辑何香石君、前办《声报》、亦有声于时，所约撰述则为陈墨香、关无分、阿迦居士、红蕤馆主、娱园老人、还珠楼主诸君云。"

2 月 20 日，《天风报》正式创刊。创办《天风报》的资金主要出自黄文谦、荀慧生二人。

4 月，沙大风"因自办《天风报》"正式从《天津商报》辞职，成为《天风报》的经理兼戏剧版编辑，并邀请刘云若担任该报副刊"黑旋风"的主编。刘云若开始在《天风报》上连载其小说《春风回梦记》。后来沙大风在刘云若另一部小说《情海归帆》的序中写道："十九年春，余创《天风报》，云若以春风回梦记小说，投刊天风，读者先睹为快，天风因春风而风行，春风因天风而益彰。"

5 月 8 日，《大公报》刊出《天风报》出版广告："最富朝气的日刊，华北唯一的小报。"

5 月 19 日，《大公报（天津版）》刊出一则消息："天风报招办分销——条件优越 手续简便 备有详章 承索即寄。"

7 月 6 日，《天津商报画刊》问世（最初名为《天津商报图画周刊》），沙大风兼任副刊编辑。

9 月，各地水灾赈济，沙大风倡导在北洋戏院开办义剧，孟小冬第一个出演。

1931年(民国二十年 辛未) 32岁

沙大风次子沙临岳出生。沙临岳,字世康,又名沙龙,1931年10月29日出生。沙临岳直到初中毕业一直在天津,随后去北京求学,1948年从北京育英中学毕业后去台湾投奔其哥哥沙临川,进入台湾大学中文系一年级学习。因为其十分热爱音乐活动,在台湾求学期间曾担任美国长老会教堂唱诗班的指挥和台湾省政府社会处合唱团的指挥,还参加了台湾省交响乐团,担任第二声部小提琴演奏员。一年后,沙临岳返回大陆,于1949年进入上海沪江大学人文学院学习,专攻社会学。1980年沙临岳在上海平反获释,开始投身到各项社会公益工作中,他在宁波市北仑区小港中学教书,后来还去了宁波师范学院工作,直至退休。六十岁后他回到镇海,组织了一个"镇海民间室内乐团",内含一个20余人的小型管弦乐队和合唱队,自任指挥。在镇海他还创立了一间名为"沙龙彩色摄影社"的照相馆。"改革开放后,有一沙氏后人在沙家大屋开办了县城第一家彩色照相店,店名为'沙龙彩色摄影社',在当时小县城中显得比较新潮。"①文中所述"沙氏后人"即为沙临岳,从其热爱合唱、指挥、编曲和摄影这些方面,可见沙临岳也继承了父亲沙大风的文艺作风。1989年6月30日,沙临岳撰写的一篇短文《温可铮的宁波之行》发表在《音乐爱好者》上。1997年国庆节,沙临岳在镇海发电厂举行了最后一次演出后,便定居到了上海,在沙大风上

---

① 方明列. 弯弯曲曲"九弯弄"——镇海城区一条特别的弄堂[N]. 宁波晚报. 2013-10-20.

海的旧居襄阳南路 100 弄 15 号居住。移居上海后,他又组织了一个老年合唱团——上海民间百灵鸟合唱团,其中所唱歌曲大多由沙临岳改编。该合唱团成立后,相继在上海理工大学、上海中医药大学、上海交通大学等高校,上海交响乐团、武警会堂、青年会、云峰剧场,上海的中学、公园、广场、里弄等各个场所出演。后来沙临岳又返回宁波,2004 年他还作为最年长的一位考生参加了当年在宁波举办的首次社会工作者职业资格考试。此后,沙临岳认识一外籍女子,该女子具体情况不详。沙临岳于 2008 年患病逝世,无子女。

11 月,日本特务发动了天津便衣队暴乱事件,天津各大报纸纷纷停刊或变更社址,天风报所在的日租界福岛街(今多伦道)受到影响,决定在 12 月 10 日之前搬离日租界。12 月 11 日,《天风报》馆址迁移至法租界华中路三十六号复刊营业。

是年,沙大风邀请刘云若任副刊"黑旋风"主编,并帮助息影后的孟小冬打赢四万元的离婚补偿官司,之后在《天风报》上为孟小冬复出大造声势。

1932 年(民国二十一年 壬申) 33 岁

1 月 1 日,《天风报》增加"天风小说刊",专门刊载小说,以社会长篇和武侠小说为主。

上海长城唱片公司特约四大名旦在北京录制《五花洞》唱片,邀请沙大风为主持人,并排定了四旦演唱的顺序。

7 月初,《天风报》开始连载还珠楼主《蜀山剑侠传》,因此销量成倍增长。还珠楼主在《天风报》开设"还珠楼丛谈"专栏,与小说连载互为表里。沙大风介绍还珠楼主李寿民与荀慧生认识。

12 月,北平张宗昌北上为宁波小港富商李征五先生(也是著名社会活动家)接风设堂会,沙大风应邀出席,同席者皆为军政要人,张学良将军坐第三位,沙大风坐第四位,期间与少帅共饮共赏。

是年,陈慎言的《新旧爱潮》因个人时间问题而在《天风报》上自我腰斩,沙大风急需另一部连载小说。看完从唐鲁孙手中取得的还珠楼主的《蜀山剑侠传》前十二回文稿后,沙大风认为:"此稿文字优美,故事神乎其神,可用,而且日后必将大火。快快定下此人,稿酬一等,提前预付三个月",便向还珠楼主(李寿民)约小说,将李寿民纳入其作者队伍中。

1933 年(民国二十二年 癸酉) 34 岁

1 月 14 日,《益世报》(北京)发布一则短消息:"天风报记者沙大风,明日在哈尔飞串演黄鹤楼饰刘备,一般知名者连日前往该许愿购票者颇不乏人。"

1 月 15 日,沙大风在北平哈尔飞大戏院演出。

2 月 8 日,《天风报》刊登文章《朱琴心新装假大肠》。

2 月 15 日,伶人朱琴心因公然诽谤罪控告《天风报》,要求《天风报》赔偿十万元,并在报纸上做消息更正。

2 月 16 日,《天风报》刊文《朱琴心诬告本报耶 正式质问大公报》。

2 月 17 日,沙大风与同人和还珠楼主本人开始在《天风报》上为《蜀山剑侠传》单行本打广告,撰写了一系列文字进行推介,如还珠楼主《覆带罗君并致一公乐山野樵诸读者》等。

2月18日,《大公报(天津版)》第13版的"天津地方民事法院"消息中刊出朱琴心控诉沙大风诽谤。

2月20日,《天风报》出版三周年纪念,报馆编辑、报界同人纷纷致辞祝贺,沙大风作为社长发表了三周年的纪念致辞。

2月22日《大公报(天津版)》第15版的"天津地方法院二月二十二日案件"继续刊载消息:"天风报馆 沙大风诽谤"。

3月7日,《天风报》由原来的法租界华中路迁移至特别三区大马路。

3月17日,伶人朱琴心控告《天风报》案于当日上午开庭审理,沙大风到场参加辩护。

3月23日,《蜀山剑侠传》第一集单行本问世,由天津百城书局出版发行,《天风报》刊出广告:"《蜀山剑侠传》第一集出版了!"此后,沙大风与报社同人发表了一系列文字,对小说进行深度推介。

3月27日,《天风报》刊出沙大风文章《介绍一部武侠名著》,向大众介绍《蜀山剑侠传》出版消息。4月《蜀山剑侠传》小说以分集单行本的方式发行,引起社会的强烈反响。

4月20日《大公报(天津版)》第13版的"天津地方民事法院"栏目刊出消息:沙大风申诉朱琴心诽谤。

7月,《蜀山剑侠传》第二集单行本由文岚簃奎记古宋印书馆出版发行。

10月,《蜀山剑侠传》第三集单行本发行。

11月,《蜀山剑侠传》第四集单行本发行。

1934 年(民国二十三年 甲戌) 35 岁

8 月 14 日,天津中原公司副经理黄文谦侵吞包银案在天津地方法院开庭审理,沙大风出庭为黄文谦作证。

1935 年(民国二十四年 乙亥) 36 岁

4 月 5 日,旅津浙绅方药雨七十岁寿辰,沙大风与潘经荪诸人合演《黄鹤楼》。

5 月 6 日,《天风报》刊出《沙大风紧要启事》:"鄙人事繁多病,此次承报界同业公会谬推为执行委员,实感不能兼顾,向公会提出辞职。"

12 月 7 日,中日新闻界协会"为联络中日同业感情,相互提携以发展新闻事业,促进两国国民之合作,为中日民众谋福利起见",在当天下午七点,于天津日租界红宝楼饭庄举行国际新闻事业联欢会。日方出席者有家报社中的记者,中方记者有《天风报》沙大风,还有《新天津报》刘髯公、《大中时报》徐皆平、《国强报》杨少林、《庸报》李志远、《天津益世报》王济中等 23 家报社和通讯社的记者出席。

1936 年(民国二十五年 丙子) 37 岁

4 月 26 日,《新天津》发布消息"津报馆公会昨日开会……本会执委沙大风因事离职"。

5 月 3 日,冯武越(前《北洋画报》经理)因肺病去世,在其吊唁仪式上,除了沙大风外,王伯龙、王少溥、元龙、童曼秋等在津门有影响力的人也到场。

6 月 19 日,著名学者、书法家、楹联家方地山七十岁寿辰,邀请天津"新闻界名票"参加寿诞,除沙大风外,还有张聊公、姚惜云、魏病侠等人到场。

是年,沙大风在《天风报》上开辟"菊花锅"专栏,发表了很多类型不同的文章,涉及戏剧教育、知识考据、伶人品评等方面。

1937 年 (民国二十六年 丁丑) 38 岁

7 月 29 日,天津遭日军攻击,次日市区沦陷,天津的大报相继停刊。

8 月,日本特务机关命令在天津出版的报纸和通讯社重新登记,同时派遣日本特务竹内监督伪天津新闻管理所,被批准复刊的报纸和通讯社共有 31 家,其中包括《天风报》。

1938 年 (民国二十七年 戊寅) 39 岁

1938 年初,天津特务机关借口"新闻统制",取消所有私人通讯社及半数以上的报刊,这时天津只剩下 17 家报刊[①],《天风报》仍在其中。

9 月 1 日至 4 日,为避免给敌人做宣传,《天风报》停刊 4 天。9

---

① 马艺等著.天津新闻史[M].天津:天津人民出版,2015:369.

月5日,《天风报》更名为《天风画报》重新出版。

是年,沙大风为天津市新闻记者协会会员。

1939 年(民国二十八年 己卯) 40 岁

1月13日,沙大风在天风报馆举办宴席,收童芷苓为义女,参加宴席的不乏天津各界名人。

2月,刘云若小说《情海归帆》单行本出版,沙大风在序中称其为"天津桥上"的"怪杰",并赞其"下笔如有神助",拥有"日处斗室,挥生花笔,写人间世""不慕利禄,不求闻达"的胸襟,可以将"举凡脂粉地狱可悲可泣之事迹,尽入其腕底毫尖,使魑魅无所遁形"。

3月31日,《天风画报》刊出"更名启事"。

4月1日,《天风画报》改名《新天津画报》继续出版,沙大风仍担任社长。

5月3日,在沙大风的介绍下,17岁的童芷苓拜荀慧生为师。当日在天津法租界明湖春饭店举行拜师大典,天津艺坛名流、名票、名伶与新闻界人士,均被邀请观礼。

6月1日开始,沙大风在《天风报》上发表《四大名旦之研究》系列文章,至7月19日,共发表21篇文章。

8月至10月,天津发生严重水灾,造成当时城内80%的地区被洪水淹没,而《新天风画报》报馆正好位于街道低洼处,损失较大,被迫于8月21日至10月4日停刊,中断一个半月后重新复刊开始经营。而此次华北发生水灾,天风报社举办赈灾义演,从来不上台的沙大风为呼吁赈灾捐钱而出演刘备。

11月11日,河北古刹大悲院召开天津名士赵幼梅(赵远礼)的追悼大会,沙大风作为其生前好友到场。

1940 年(民国二十九年 庚辰) 41 岁

9月30日,杏花村主人张云华置酒高会,邀请文艺界及报界友人沙大风、姚灵犀、魏病侠、戴黛孙及名票近云馆主、名伶荀慧生等人参加。

1941 年(民国三十年 辛巳) 42 岁

7月22日,天津法租界吉祥饭店内,沙大风与相声演员侯一尘合唱《连环套》,沙大风唱"保镖路过"一段,《新天津画报》评价其"醇厚动听,有杨宗师之韵味"。

7月28日,沙大风在《新天津画报》上发布启示"介绍数理周易名家"。

1942 年(民国三十一年 壬午) 43 岁

日本开始大力推行"大东亚经济共荣圈"计划,实施《基于黄海渤海低于国土计划之华北产业建设要纲(1943—1957)》,在华北地区进行"强化治安"运动。日本帝国主义"北支派遣军"报道部下令"统制"新闻,经过严格审查后,除了《庸报》之外,在天津只有七家报纸被允许继续出版,其中包括《新天津画报》。沙大风通过北平《三六九画报》社长朱书坤以行贿的方式使得报纸得以保存。

3月14日(农历一月二十八日),沙大风四十三岁生日时,在日租界中原公司五楼的西餐厅举行了生日宴会,方乐雨、金息侯、王伯龙、童芷苓等四十余人到场祝贺。

6月3日,著名戏评家刘步堂逝世,沙大风发起义演。

6月9日,在北平西单长安戏院,沙大风出演《群英会》《借东风》中的前部鲁肃一角。《天风报》的评价是:"扮演角色,均为票报两届闻人,而本报沙社长亦袍笏登场,共襄义举,诸位公热忱,良可佩也。"

8月28日,沙大风与童芷苓在中原饭店五楼,会衔发柬,邀请新闻界人士,到场的有各报记者和一些剧评家,如《庸报》整理部部长童漪珊、天津名流韩慎先(夏山楼主)、陆敬伯、郭仲霖等人。

8月31日,《妇女都会》"一夕奔波记"一文报道了28日晚的大致情况"沙大风童芷苓会衔盛宴韩慎先陆敬伯相继清歌"。

10月26日(农历九月十七日),画师赵松声过五十一岁生日,邀请沙大风、张聊公、书画家董良民等约二十余人参加其寿宴。

11月30日,编辑江寄萍英年早逝,沙大风与童漪珊、于新民、赵先舟、金息侯、王伯龙、吴秋尘、吴云心、赵松声等13人联合发起"赙江书画展览会",所收书画均寄往《新天津画报》报馆,销售所得以充赙金,交由江寄萍的家人,以抚养其父母与孩子。

是年,京剧作家陈墨香逝世,几乎无法入葬,梨园界均伸出道义之手来援助。适逢荀慧生来天津演出,沙大风得知后在报纸附刊登出新闻,说荀慧生来天津为陈墨香义演四场,收入全归陈府,荀慧生骑虎难下,只得演出"践诺"。

1943 年（民国三十二年 癸未）44 岁

12 月 6 日，张宝良因《科学的相手术》一书将于 12 月底出版，刊登文章感谢帮助过他的人，"此次承蒙津市各名流赠以题词，仅对下列诸公志谢"，其中包括沙大风社长。

12 月 31 日，由于沦陷区物资缺乏，《新天津画报》"被日寇勒令停刊"。报社裁减，后改营印刷厂。

1944 年（民国三十三年 甲申）45 岁

1 月，在天津新丰什货号任经理，到 1945 年 10 月"因胜利后物价暴落倒闭"。

1945 年（民国三十四年 乙酉）46 岁

10 月，印刷厂受国民党正中书局委托承印《中国之命运》数十万册，合约订明校对由双方负责，沙大风方负责装订。后来正中书局上级发现文中有误，要求重印，沙临川欲据理力争，被沙大风阻止："宁可吃亏让人，不可与人争。"印刷厂营业因此终止，沙大风离开天津，南下去往上海。

1946 年（民国三十五年 丙戌）47 岁

5 月，沙大风在上海大有船务行做事务员。

1947 年（民国三十六年 丁亥）48 岁

8 月，上海大有船务行停业，沙大风离职。

12 月，沙大风在上海民丰造纸公司任秘书副主任。

1948 年（民国三十七年 戊子）49 岁

沙大风在沪，居住在上海襄阳南路 100 弄 15 号。

3 月 27 日，沙大风长子沙临川在台湾省台北市励志社，福州路大鸿运酒楼与章玄士女士举行结婚典礼。

6 月 3 日，上海青年会举办《平剧的前途本报沪馆时事问题座谈会》，沙大风到场参加，参加此次座谈会的还有梅兰芳、周信芳等名伶，座谈会就中国平剧的前途如何发展进行了讨论。13 日，《大公报》（重庆版）刊载了此次座谈会后沙大风的文章《贵族化误了平剧 复兴平剧要先求平剧发展》。

10 月 9 日，和鸣票社为研究京剧发扬艺术起见，邀请沙大风在内的剧学专家苏少卿、徐慕云、金少刚、乔志钧、李克昌、赵桐珊、范石人等举行京剧座谈会，研究当时京剧的种种问题。

1949 年（民国三十九年 己丑）50 岁

沙大风在沪。

2 月，沙大风由上海民丰造纸公司秘书副主任调任人事副主任。

1950 年（庚寅）51 岁

沙大风在沪。

沙大风再婚（元配情况不详），在上海国际饭店摆酒席，沪籍名报人严独鹤证婚，梅兰芳到场祝贺。继配名为卢犀，出生于 1915 年 1 月，福建福州人，比沙大风小 15 岁，结婚后在家做全职主妇。卢犀有胞弟名卢焕章，在北京化工设计公司工作，中国工程院院士，是中国化工设计领域的带头人之一。另有胞弟名卢剑，在上海中国医药公司采购站工作。

按：沙大风去世后，根据华丰造纸厂的员工档案，家属卢犀曾在华丰领取"退休养老金""家属救济金""丧葬补助金""生活补助费"等。1986 年 7 月 1 日，卢犀女士改由其兄弟接济生活。

1954 年（甲午）55 岁

2 月，调任为杭州华丰造纸厂总务科科长。全家从上海来到杭州，居住在杭州环城西路遂安路十号，距离西湖一街之隔。沙大风在被称为"中国造纸业产业的骨干企业"杭州华丰造纸厂登记入职，工号为 1195。

1958 年（戊戌）59 岁

6 月，沙大风从杭州华丰造纸厂退休。

1960 年 (庚子) 61 岁

5 月 15 日,沙大风正式办理退休手续。

1973 年 (癸丑) 74 岁

11 月 11 日,沙大风在杭州逝世,享年 74 岁。

二、沙大风文章目录

序号	文章名	署名	来源	时间
1	沙游天致张小渔函	沙游天	春声日报	1921 年 7 月 30 日
2	近今旦角之两大派	游 天	红杂志	1922 年 8 月 13 日
3	感怀一律	沙游天	新闻报	1924 年 6 月 20 日
4	桂凤传人之小翠花	游 天	世界画报	1925 年 5 月 4 日
5	挽倚虹	沙游天	新闻报	1926 年 6 月 8 日
6	古调独弹之荀慧生	游 天	上海画报	1926 年 8 月 6 日
7	荀慧生小传	沙游天	白牡丹 （留香集）	1927 年 1 月 1 日
8	盛极一时之战宛城	游 天	白牡丹 （留香集）	1927 年 1 月 1 日
9	梁宅采觞记	游 天	白牡丹 （留香集）	1927 年 1 月 1 日
10	荀慧生二度留音记	游 天	白牡丹 （留香集）	1927 年 1 月 1 日
11	开场白	游 天	北洋画报	1928 年 3 月 5 日
12	剧界之新趋势	游 天	北洋画报	1928 年 3 月 7 日
13	谭富英	游 天	北洋画报	1928 年 4 月 9 日
14	荀慧生有整理 旧剧之功	游 天	北洋画报	1928 年 4 月 9 日
15	明星荀剧记	游 天	北洋画报	1928 年 4 月 11 日
16	荀慧生之香罗带	游 天	北洋画报	1928 年 4 月 18 日
17	杨小楼夜奔之来历	游 天	北洋画报	1928 年 4 月 18 日
18	初试新音记	大 风	天津商报	1928 年 6 月 1 日

序号	文章名	署名	来源	时间
19	戏剧是"平民的"	游 天	北洋画报	1928 年 6 月 6 日
20	苟慧生出演明星	大 风	北洋画报	1928 年 11 月 10 日
21	北画剧刊纪念号弁言	游 天	北洋画报	1929 年 5 月 7 日
22	雅俗之判	游 天	北洋画报	1929 年 7 月 3 日
23	菊芳之歌	大 风	天津商报	1929 年 7 月 15 日
24	中原苟讯	沙大风	北洋画报	1929 年 9 月 28 日
25	失街亭唱词	游 天	北洋画报	1929 年 10 月 19 日
26	梅兰芳游美之成绩	大 风	天风报	1930 年 5 月 5 日
27	致刘云若兄	大 风	天风报	1930 年 5 月 8 日
28	志盛夫人	游 天	奋报	1930 年 5 月 24 日
29	为陕灾乞人类同情	大 风	天风报	1930 年 5 月 13 日
30	故都新语(一)	大 风	天风报	1932 年 1 月 22 日
31	故都新语(二)	大 风	天风报	1932 年 1 月 23 日
32	故都新语(三)	大 风	天风报	1932 年 1 月 24 日
33	故都新语(四)	大 风	天风报	1932 年 1 月 25 日
34	故都新语(五)	大 风	天风报	1932 年 1 月 26 日
35	故都新语(六)	大 风	天风报	1932 年 1 月 28 日
36	故都新语(七)	大 风	天风报	1932 年 1 月 29 日
37	今晚北洋尚小云之义剧	大 风	天风报	1932 年 3 月 6 日
38	北洋重庆社义务戏杂记	大 风	天风报	1932 年 3 月 8 日
39	戏中报名问题	大 风	天风报	1932 年 3 月 11 日
40	敬答这个问题	大 风	天风报	1932 年 3 月 21 日

序号	文章名	署名	来源	时间
41	哭王琴农	大 风	天风报	1933 年 2 月 2 日
42	观醉章	大 风	天风报	1933 年 2 月 9 日
43	各影院剧馆杂耍场均应奋起救国	大 风	天风报	1933 年 2 月 12 日
44	志某报社同人戒条	大 风	天风报	1933 年 2 月 15 日
45	本报三周纪念之辞	大 风	天风报	1933 年 2 月 20 日
46	我不入监狱谁入监狱	大 风	天风报	1933 年 3 月 18 日
47	观二马演胭脂褶	大 风	天风报	1933 年 3 月 21 日
48	阔人应负起救国责任	大 风	天风报	1933 年 3 月 21 日
49	介绍一部武侠名著	大 风	天风报	1933 年 3 月 27 日
50	坤旦魁首之杜丽云	大 风	天风报	1933 年 6 月 15 日
51	杜丽云此行成绩圆满	大 风	天风报	1933 年 6 月 19 日
52	北洋双绝	大 风	天风报	1934 年 11 月 8 日
53	孙胜芳特刊并言	大 风	天风报	1936 年 4 月 3 日
54	菊花锅:凤还巢之剧	大 风	天风报	1936 年 5 月 1 日
55	平津家藏书画古玩展览会观光记	大 风	天风报	1936 年 6 月 4 日
56	记陈少霖	大 风	天风报	1936 年 6 月 24 日
57	闻妙莺歌史	大 风	天风报	1936 年 9 月 2 日
58	菊朋知所返矣	大 风	天风报	1936 年 9 月 7 日
59	致哈杀黄君	大 风	天风报	1936 年 9 月 7 日
60	赛金花剧	大 风	天风报	1936 年 11 月 17 日
61	话梅(一)	大 风	天风报	1936 年 11 月 2 日
62	话梅(二)	大 风	天风报	1936 年 11 月 3 日

序号	文章名	署名	来源	时间
63	话梅(三)	大 风	天风报	1936 年 11 月 4 日
64	话梅(四)	大 风	天风报	1936 年 11 月 5 日
65	长坂坡一段掌故	大 风	天风报	1936 年 11 月 11 日
66	长坂坡配角之今昔	大 风	天风报	1936 年 11 月 12 日
67	记冬赈义演第一晚	大 风	天风报	1936 年 11 月 13 日
68	冬振义剧第二夕	大 风	天风报	1936 年 11 月 14 日
69	探母交令老词	大 风	天风报	1936 年 11 月 19 日
70	悲华经舍小说集序	大 风	天风报	1936 年 11 月 29 日
71	程伟儒氏之剧学	大 风	天风报	1936 年 11 月 30 日
72	长坂坡托孤戏词	大 风	天风报	1936 年 12 月 3 日
73	义务戏之黑幕	大 风	天风报	1936 年 12 月 4 日
74	挽合肥段公联	大 风	天风报	1936 年 12 月 4 日
75	悼赛真义	大 风	天风报	1937 年 1 月 6 日
76	宋委员长提倡国粹	大 风	天风报	1937 年 1 月 12 日
77	我与大方先生	大 风	天风报	1937 年 1 月 17 日
78	敬向诸大名角, 为穷民请命	大 风	天风报	1937 年 2 月 6 日
79	谈金少山	大 风	天风报	1937 年 3 月 26 日
80	记后起旦角张君秋	大 风	天风报	1937 年 3 月 31 日
81	张君秋一鸣惊人	大 风	天风报	1937 年 4 月 2 日
82	张君秋有厚望焉	大 风	天风报	1937 年 4 月 5 日
83	律师公会宴请新闻记 者席上之一场风波	大 风	天风报	1937 年 4 月 16 日

序号	文章名	署名	来源	时间
84	记旧剧界之新艺人周信芳	大风	天风报	1937 年 5 月 25 日
85	故都剧事	大风	天风报	1937 年 5 月 27 日
86	喜戏曲学校出台	大风	天风报	1937 年 6 月 13 日
87	观走梦城	大风	天风报	1937 年 6 月 18 日
88	毁灭旧剧制度之罪人	大风	天风报	1937 年 6 月 21 日
89	观董小宛	大风	天风报	1937 年 6 月 29 日
90	为冬赈义剧敬告诸演员	大风	天风报	1937 年 12 月 18 日
91	记冬赈义剧第一夕	大风	天风报	1937 年 12 月 22 日
92	圣诞夜之中国戏院	大风	天风报	1937 年 12 月 27 日
93	谈打渔杀家（上）	大风	天风报	1937 年 12 月 31 日
94	谈打渔杀家（下）	大风	天风报	1938 年 1 月 1 日
95	观戏曲学校之朱痕记	大风	天风报	1938 年 1 月 16 日
96	谈宝莲灯并及程马	大风	天风报	1938 年 1 月 22 日
97	金少山之怪行头	大风	天风报	1938 年 1 月 26 日
98	除夕听歌记	大风	天风报	1938 年 2 月 3 日
99	大地影片有几分侮辱性	大风	天风报	1938 年 2 月 5 日
100	记北洋戏院之探母回令	大风	天风报	1938 年 2 月 15 日
101	悼杨宗师	大风	天风报	1938 年 2 月 16 日
102	谈杨宝森	大风	天风报	1938 年 2 月 24 日
103	听歌杂写	大风	天风报	1938 年 3 月 14 日
104	秋声沽上来	大风	天风报	1938 年 4 月 2 日

序号	文章名	署名	来源	时间
105	中国戏院之 几个好边角	大 风	天风报	1938 年 4 月 13 日
106	孙家赈有罪	大 风	天风报	1938 年 4 月 22 日
107	志名坤旦金又琴	大 风	天风报	1938 年 4 月 23 日
108	中国戏院观连环套	大 风	天风报	1938 年 5 月 12 日
109	捧与骂	大 风	天风报	1938 年 5 月 22 日
110	挽郑太傅戡战	大 风	天风报	1938 年 5 月 23 日
111	李少春确是不凡	大 风	天风报	1938 年 6 月 30 日
112	杨小楼身后问题	大 风	天风报	1938 年 7 月 3 日
113	记遏云集琴心集 庆功宴	大 风	天风报	1938 年 7 月 9 日
114	记谭富英之战太平	大 风	天风报	1938 年 7 月 16 日
115	打渔杀家之哭头	大 风	天风报	1938 年 7 月 21 日
116	敬次原均奉讯燕老	大 风	天风报	1938 年 7 月 22 日
117	记某西人打猎得恶报 ——放生救劫篇补	大 风	天风报	1938 年 7 月 24 日
118	谈水淹七军	大 风	天风报	1938 年 7 月 28 日
119	谭剧团一行之动态	大 风	天风报	1938 年 8 月 1 日
120	哭悼王老供奉 德配杨夫人	大 风	天风报	1938 年 8 月 13 日
121	读名伶雁行志后 值得记载的一件事	大 风	天风报	1938 年 8 月 17 日
122	喜冬皇帝将出台	微 臣	天风报	1938 年 8 月 19 日
123	中国戏院诸般革新	大 风	天风报	1938 年 8 月 19 日
124	王丧锁记	大 风	天风报	1938 年 8 月 25 日

序号	文章名	署名	来源	时间
125	吴彩霞轶事	风	天风报	1938 年 8 月 28 日
126	国剧生命之将来	大风	天风画报	1938 年 9 月 5 日
127	谈盗御马之窦尔敦	大风	天风画报	1938 年 9 月 19 日
128	慧生之得意缘	大风	天风画报	1938 年 9 月 25 日
129	荀剧院之四大柱	风	天风画报	1938 年 9 月 29 日
130	历史传剧走梦城	大风	天风画报	1938 年 10 月 23 日
131	北京名伶排剧热	大风	天风画报	1938 年 11 月 14 日
132	四大名旦之研究（一）	大风	新天津画报	1939 年 6 月 1 日
133	四大名旦之研究	大风	新天津画报	1939 年 6 月 2 日
134	四大名旦之研究	大风	新天津画报	1939 年 6 月 3 日
135	四大名旦之研究	大风	新天津画报	1939 年 6 月 4 日
136	四大名旦之研究	大风	新天津画报	1939 年 6 月 6 日
137	四大名旦之研究	大风	新天津画报	1939 年 6 月 7 日
138	四大名旦之研究：王供奉之不平鸣	大风	新天津画报	1939 年 6 月 11 日
139	四大名旦之研究（四大名旦之行辈及名次）	大风	新天津画报	1939 年 6 月 12 日
140	四大名旦之研究：灌五花洞唱片之纠纷（上）	大风	新天津画报	1939 年 6 月 14 日
141	四大名旦之研究：灌五花洞唱片之纠纷（中）	大风	新天津画报	1939 年 6 月 16 日

序号	文章名	署名	来源	时间
142	四大名旦之研究：灌五花洞唱片之纠纷（下）	大 风	新天津画报	1939 年 6 月 17 日
143	四大名旦之研究：灌五花洞唱片之纠纷（续）	大 风	新天津画报	1939 年 6 月 18 日
144	四大名旦之研究：艺事之长短优劣	大 风	新天津画报	1939 年 6 月 20 日
145	四大名旦之研究：继起无人	大 风	新天津画报	1939 年 6 月 21 日
146	马氏有徒 潭门无后	大 风	新天津画报	1939 年 6 月 24 日
147	四大名旦之研究：四大名旦之个性	大 风	新天津画报	1939 年 6 月 25 日
148	告来函者	大 风	新天津画报	1939 年 7 月 1 日
149	四大名旦之研究：嗜好	大 风	新天津画报	1939 年 7 月 3 日
150	闻孙毓堃发愤图强为文张之	大 风	新天津画报	1939 年 7 月 5 日
151	马连良有整理旧剧功	大 风	新天津画报	1939 年 7 月 7 日
152	四大名旦之研究：贡献	大 风	新天津画报	1939 年 7 月 8 日
153	情海归帆序	大 风	新天津画报	1939 年 7 月 8 日
154	四大名旦之研究：发跷	大 风	新天津画报	1939 年 7 月 10 日
155	四大名旦之研究：排新戏	大 风	新天津画报	1939 年 7 月 12 日
156	四大名旦之研究：提倡昆曲	大 风	新天津画报	1939 年 7 月 19 日
157	四大名旦之研究：慎重配角	大 风	新天津画报	1939 年 7 月 28 日

序号	文章名	署名	来源	时间
158	赈灾义剧中之孟小冬两出戏(上)	大风	新天津画报	1939 年 10 月 5 日
159	赈灾义剧中之孟小冬两出戏(中)	大风	新天津画报	1939 年 10 月 6 日
160	赈灾义剧中之孟小冬两出戏(下)	大风	新天津画报	1939 年 10 月 7 日
161	榨取病人膏血西药房唯利是图	大风	新天津画报	1939 年 11 月 9 日
162	劫后余泥何日得清为南市数万君户请命	大风	新天津画报	1939 年 11 月 12 日
163	定海先生出膺艰巨劫后灾黎得获苏息教养兼施救济之本	大风	新天津画报	1939 年 11 月 17 日
164	方定海轶事：关于绘画之一	大风	新天津画报	1939 年 11 月 20 日
165	方定海轶事：关于绘画之一	大风	新天津画报	1939 年 11 月 21 日
166	方定海轶事：关于绘画之一三	大风	新天津画报	1939 年 11 月 23 日
167	答老苏先生	大风	新天津画报	1939 年 11 月 25 日
168	我与赵幼老以明湖春始以明湖春终	大风	新天津画报	1939 年 11 月 26 日
169	答老苏先生	沙大风	半月戏剧	1940 年 2 月 9 日
170	国乐公司新发行余叔岩两篇漫评	大风	新天津画报	1940 年 3 月 18 日
171	剧事漫谈	大风	新天津画报	1940 年 4 月 21 日
172	为戏装问题答季龙兄	大风	新天津画报	1940 年 4 月 29 日
173	反对童芷苓去沪	大风	新天津画报	1940 年 8 月 1 日

序号	文章名	署名	来源	时间
174	方代市长之风骨	大风	新天津画报	1940 年 11 月 1 日
175	新年	大风	新天津画报	1942 年 1 月 1 日
176	记名相士妙之心	大风	新天津画报	1942 年 3 月 1 日
177	勉李世芳	沙大风	李世芳传集	1942 年 4 月 1 日
178	新旧文学的贯通	沙大风	国民杂志（北京）	1942 年 5 月 1 日
179	题十三绝图	沙大风	三六九画报	1942 年 5 月 9 日
180	四大名旦之风义（一）梅兰芳	大风	新天津画报	1942 年 6 月 7 日
181	四大名旦之风义（二）程砚秋	大风	新天津画报	1942 年 6 月 8 日
182	四大名旦之风义（二）尚小云 荀慧生	大风	新天津画报	1942 年 6 月 9 日
183	岁首箴言	大风	新天津画报	1943 年 1 月 1 日
184	勉陈君大汉	大风	新天津画报	1943 年 11 月 6 日
185	上海戏剧界最近的一个奇迹	沙游天	半月戏剧	1946 年 11 月 1 日
186	张荣奎之艺术与生平	沙游天	半月戏剧	1947 年 2 月 1 日
187	罗小宝遗柩：尚停在崇效寺里	游天	戏世界	1947 年 2 月 9 日
188	挽老伶工张荣奎	沙大风	沪报（1946-1947）	1947 年 2 月 28 日
189	张荣奎墓碑	沙游天	小日报	1947 年 4 月 28 日
190	张荣奎传	沙大风	半月戏剧	1947 年 6 月 5 日
191	空中戏剧学院	沙游天	小日报	1947 年 6 月 13 日
192	吾怀古帽轩主	沙游天	半月戏剧	1947 年 7 月 1 日

序号	文章名	署名	来源	时间
193	三十年来我所见到的余叔岩	沙游天	半月戏剧	1947 年 9 月 15 日
194	旧剧是否封建遗毒	沙大风	半月戏剧	1948 年 6 月 2 日
195	冬皇外纪	沙游天	半月戏剧	1948 年 6 月 10 日
196	贵族化误了平剧 复兴平剧要先求平剧发展	沙大风	大公报（重庆版）	1948 年 6 月 13 日
197	"四大名旦"《五花洞》留音追纪	沙游天	半月戏剧	1948 年 11 月 5 日

三、寻找沙大风

作为民国天津报人，沙大风是不容忽视的存在——在戏曲界，他不但写下大量戏剧评论，而且捧红荀慧生和孟小冬，首倡"四大名旦"之说并被广泛认可；在文学界，他发现并推介言情小说大师刘云若和武侠小说大师还珠楼主，构建了民国通俗文学的两大奇峰；在新闻界，他在困境中艰难延续"天风三报"，书写了天津小报史的传奇……然而学界对沙大风的认知，基本停留在这几段文史掌故，非但对沙氏本人身世不清、行迹不明，对于"天风三报"也无人做过较为全面的梳理和解读。

历史有时确实很是奇妙，我从会计学专业转入新闻学专业之后，竟然因缘际会地遇到了由会计变身报人的沙大风，这种奇妙的人生际遇，让我对论文选题有了一种特别的冲动。2019年7月31日至8月10日，根据王振良老师的指导和设计，我在母亲陪同下凭借已有线索，开始了为期11天的"寻找沙大风"之旅。我的论文题目《天津报人沙大风和〈天风报〉研究》，属于新闻史研究范畴，第一手资料十分珍贵，因此我的田野调查目的主要就是为了掌握更多有关沙大风及其事迹的文本和口述史料。为了使这次寻访调查顺利进行，我提前进行了材料的搜集整理。

（一）准备出发

寻访调查的时间安排在了暑假。此前我已经完成论文的开题报告，找到了一批报纸文献，整理出沙大风的122篇文章，梳理出若干需要调查的线索，也提前联系到重要"线人"俞亦平先生并进行了初步沟通。调研自2019年7月31日开始，最初预计的行程是

7天。

根据所掌握的信息我选择了以下几个调研地点：

一是宁波市。宁波市的镇海区（原镇海县）是沙大风的祖籍地。这里地理位置十分特殊，处在东海之滨的甬江口，西联宁波，北通上海，东邻舟山，素有"两浙门户"和"海天雄镇"之称，是我国东南沿海的重要门户和浙江省的交通要塞，也是沙大风出生地和童年居住的城市。到镇海除了寻访沙大风故居，探寻他早年生活轨迹以外，另一个重要任务就是拜访俞亦平先生。俞先生2013年9月4日在《今日镇海》发表了文章《一对表兄弟，南北两报人——记报界闻人金臻庠、沙厚烈》，文中记载了一些沙大风的行迹和史料线索。在此之前，笔者经王振良老师帮助联系到了俞先生，准备对他进行深度访谈。王老师联系俞先生的方法既简洁又有效，他先从《今日镇海》电子版上查到责任编辑成桂平女士的电话，通过沟通几分钟后就拿到了俞先生的家庭电话。

除宁波市外，另一调研地点是杭州市。杭州市拱墅区和睦路555号的华丰造纸厂、和睦街道华丰社区，是沙大风最终落脚之地。华丰造纸厂成立于1922年，之前被称为武林造纸厂，1931年改名为华丰造纸厂，是浙江省首家纸质企业，也是中国造纸产业的骨干企业。沙大风后半生主要是在华丰工作，并于1958年退休。华丰社区2017年设立了一座"华丰忆"故事屋，主要陈列社区居民捐赠的华丰厂的老物件，并展示这些老物件背后的故事。我期望通过在杭州的调研能获得沙大风晚年的更多信息和资料。

最后是上海市。在天津终结"天风三报"的出版之后，沙大风移居上海生活。上海地区应该有沙大风的旧宅，我准备进行实地寻访考察和拍照。

根据已经掌握的线索,我对这次寻访调查也充满期待。行前,我明确了此行需要重点探寻、了解和拍摄的内容,包括是否有沙大风的家谱、档案等;了解沙大风20多岁来津之前在镇海的经历以及沙大风40多岁离津之后在上海、杭州的经历;沙大风是否留存有信件、日记、手稿或其他遗物,沙大风祖辈和后人的情况;拍摄相关点位、遗物、资料的照片等。

(二)转赴镇海

2019年7月30日,在母亲的陪同下,我们乘坐飞机从兰州老家飞往宁波,于当天晚上9点到达宁波市区,然后找酒店休息。入睡之前,我整理好了第二天需要的相关证件和需要进行访谈的内容。

2019年7月31日,中午乘车前往宁波市镇海区,经过将近一个小时的公交车路程,车窗外的风景逐渐由现代化城区转为安静的城镇。沙大风就是出生在这里。住宿安排好之后,我见到了俞亦平先生。因为提前已经联系好,我们在一个茶屋对俞先生进行了访谈,掌握了他所了解的沙大风及其次子沙临岳的情况。

随后,热情好客的俞先生带我们去了镇海的几个著名景点,以便我能更深入地了解沙大风的家乡。镇海招宝山是"浙东第一山""浙东玉门关",因其地势险要,历代都为我国的海防要塞。经历过历史的沉淀,这里现存威远城、月城、安远炮台等古迹。随后我们进入海防历史博馆参观,这里不仅有深厚的历史文化,还是现代的旅游名胜。镇海地处甬江入海口,故简称为甬,镇海人也常称自己为"甬人"。镇海城区的南大街街道,沙临岳曾经在这里开设有一家叫"沙龙彩色摄影社"的照相馆,现在已经被改造成住宅小区。小区对面是镇海区的文化广场,20世纪60年代为人民公园,俞先生就是在这里结识沙临岳的。

　　随后，我们去往俞先生的家里，拍摄沙临岳先生给他的信件，还有他收藏的有关沙大风的文献资料。俞先生是个非常细心的人，他把沙临岳的来信都整整齐齐收藏在一个本子里，十分用心地保存起来。信件内容多是俞先生与沙临岳探讨沙大风的情况，从信件中可以看出沙临岳十分迫切地想要研究、挖掘父亲历史的心情，由于资料不足和能力有限，他便将自己所了解的信息、回忆的故事，与俞先生进行交流分享，他还经常到俞先生家吃饭和聊天。俞先生还整理了一份自己搜集的文献资料，其中大部分是沙大风的剧评。俞先生在本子封面上写了"剧评家、戏痴——沙大风"，可见其对沙大风也有较深的关注。

图 1 笔者正在对俞亦平（右）进行访谈

图 2 笔者与俞亦平(左)在镇海城区实地考察

图 3 宁波镇海海防博物馆

图 4 沙临岳开设的"沙龙彩色摄影社"原址

图 5 俞亦平整理收藏的沙临岳书信资料粘贴本（一）

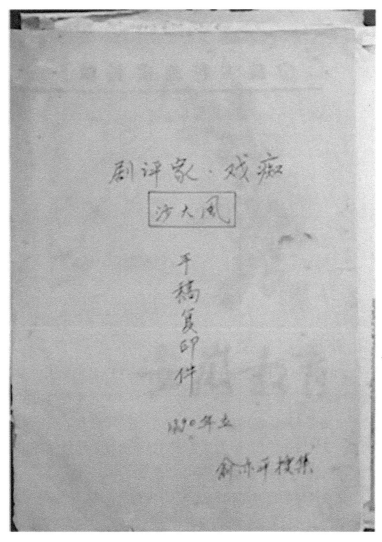

图 6 俞亦平整理收藏的沙大风文章粘贴本(二)

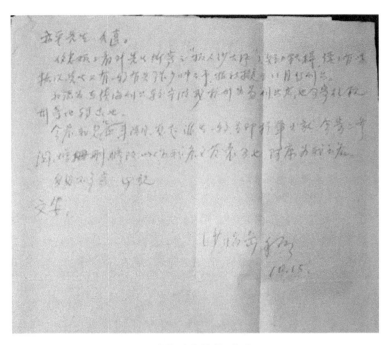

图 7 沙临岳亲笔信（部分）

2019 年 8 月 1 日,在俞亦平先生的陪同下,我们来到宁波市宁波帮博物馆,以期更进一步了解沙大风的家乡和他在这里所受到的历史文化熏陶。在中国近代化的进程中,宁波帮的商业帝国起到了举足轻重的作用,历史证明他们是个既秉承传统又开拓创新的群体,这些特征在沙大风的身上也展现得淋漓尽致。

宁波帮博物馆以年代为脉络、史实为线索、人物为亮点,系统展示了明末直至当代宁波帮艰苦奋斗、玉汝于成的发展历程,弘扬了宁波帮的财智文化和桑梓情怀。宁波帮博物馆还是少年儿童的教育基地,在我参观的当天,就有很多小学在此进行课外实践活动。宁波帮博物馆的设计极具本土特色,其主建筑群为"甬"字型

图 8 宁波帮博物馆(外部)

图 9 小学生在宁波帮博物馆进行课外实践活动

结构,进入大门之后,是玻璃廊道结合水街长庭的"时光甬道",令人感到厚重的历史沉淀。我们来时博物馆刚开馆,馆内人数不多,使我有充足的时间进行参观。整个博物馆被分成六个展览馆,分别是"序厅""筚路蓝缕""建功立业""赤子情怀""群星璀璨""薪火永传"。在两个多小时的参观过程中,我了解到宁波商帮对中国近代工商业发挥的巨大作用,并曾赢得"无宁不成市"的美誉。宁波虽然重商,但这里也是"院士之乡",也有很多著名的历史人物,如邵洵美、沙孟海、周信芳等出版家、艺术家、科学家,但比起经商人士来说仍显得稀少。虽然沙大风的人生主要贡献是在天津,在中国新闻史、中国戏剧史以及中国文学史等领域有着特殊贡献,但沙大风作为宁波镇海人,他对于宁波的贡献也是不应该忽略的。因此挖掘研究沙大风的历史贡献,并推荐他成为宁波帮的文化名人之一,忽然成为我作为研究者的一个大胆想法。于是我们拜访了宁波帮博物馆的副馆长李忠学先生,李馆长十分热情地接待了我们,并联系了博物馆档案处的陈茹女士。说明来意后,李馆长认真听取了我的建议,但他告诉我说,选择陈列在宁波帮博物馆的名人需要多方面考虑,必须达到合适的条件,博物馆才会考虑将沙大风作为宁波帮的文化名人。李馆长表示,他们会继续关注沙大风及其研究。随后李馆长赠送我馆内编辑出版的三本书——《泱泱踪迹》(上下册)和《宁波帮在天津史料·人物篇》,希望能够为我的研究提供一些背景资料,也让我对宁波帮有了更深刻的认识。

通过宁波帮博物馆的参观,我确实增加了不少知识,掌握了新的相关资料,论文内容的写作也有了新的思路。我深深意识到,一个人物的成功要受到多个方面的影响,而对历史人物的研究,必须感受他所居处的历史环境和时代氛围。宁波与天津,虽然有着地

图 10 俞亦平在宁波帮博物馆

域上的距离,但二者却有十分深厚的人文渊源。早期宁波帮人士
在天津开设钱庄、创办实业、振兴教育,为近代天津城市的建设发

展做出了贡献。沙大风作为宁波帮的一分子,虽然文献、资料记载较少,但我们仍然不能忘记沙大风及其同行对中国新闻事业的贡献。

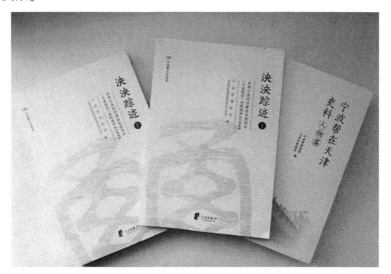

图 11 宁波帮博物馆赠与笔者的书籍

2019 年 8 月 2 日,根据宁波帮博物馆陈茹女士的提醒,我们来到可能保存有沙大风家族资料的镇海档案馆。下午 1 点左右,我们向档案馆工作人员说明了来意,开始翻阅《镇海县志》,在上面查到有关沙大风及其父亲沙鸿勋的信息,随后进行了拍照。《镇海县志》上对沙大风和其父亲的介绍都是短短的一行:"沙鸿勋,号志甫,出生于光绪年间,籍贯为镇海城关,创办镇海彪蒙学堂,建立了贫民习艺所。""沙大风,籍贯镇海城关,擅长戏剧评论,创办天津《大风报》,1973 年卒。"虽然信息量不是很多,但是依然可以从中看出沙氏父子的分量,尤其是沙大风被列为镇海"当代寓外著名文化人士"的第一位。

图 12 笔者与俞亦平（右）合影

热情的工作人员还帮我在资料馆中搜索到一封沙大风次子沙临岳写给档案馆的信件。信的主要内容是向镇海乃至宁波人民介绍沙大风，但十分遗憾的是，由于没有提前开具介绍信，工作人员不允许我对这封信件进行拍照。于是我只能抓紧时间，迅速将重点信息摘录在本子上。好在这封信的内容不算很多，一页半的篇幅大致介绍了沙大风的基本情况和文化贡献，主要内容与我已经掌握的信息一致，包括沙大风的个人信息、首倡"四大名旦"说法、在天津办《天风报》等。从信中也可以看出，当时沙临岳极力想向地方政府推荐自己的父亲。

离开镇海区档案馆后，我又来到宁波市档案馆。接待我的是一位女性工作人员，她虽然没有听说过沙大风，但了解我的目的之后，仍然耐心帮我查找了电脑资料，遗憾的是没有找到任何相关信息。

图 13 镇海档案馆存放的新编《镇海县志》

姓　名	字　号	年　代	籍　贯	主　要　事　迹	备　注
董炜区	松庵	光绪	东管	经商重信义，曾还黄金百两于原主	
顾锡兰	乾生	光绪	灵岩	兴学，首创以灵峰香资充灵山学堂办学经费	
戴嗣源	援之	光绪	城区	创立内河官轮局，航行沪、杭、嘉兴、湖州各埠	
沙鸿勋	志甫	光绪	城区	创办起蒙学堂，捐货民习艺所	
王人熊	春垞	光绪	城区	倡浚东门埔，协修张志稿	
陈熏	子琴	光绪	城区	经商朝鲜，有信誉，热心办学，助金五千	
杨宝善	性甫	光绪	东绪	捨莱嘉定，清积案，设习艺所，禁戒鸦片烟	
方积球	彭年	光绪	西管	热心教育、慈善事业，平亍息讼，公正康明	
金士衔	允升	光绪	城区	世业儒，文行为乡里所重，晚年协修民国县志	

图 14《镇海县志》中对于沙鸿勋的记述

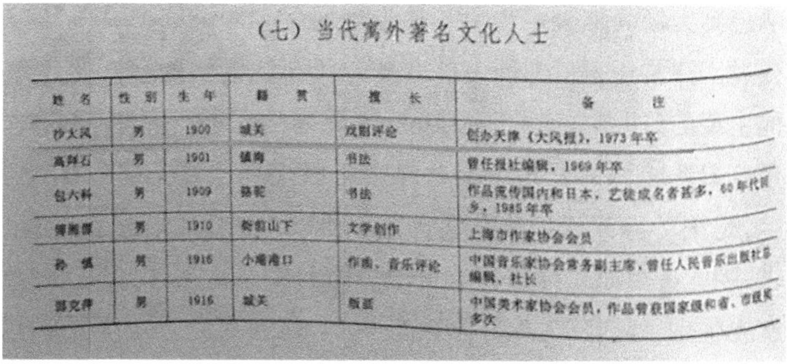

姓　名	性　别	生　年	籍　贯	擅　长	备　注
沙大风	男	1900	城关	戏剧评论	创办天津《大风报》，1973年卒
高某石	男	1901	镇海	书法	曾任报社编辑，1969年卒
包六科	男	1909	慈乾	书法	作品流传国内和日本，艺徒成名者甚多，60年代回乡，1985年卒
蒋瑚滁	男	1910	柴桥山下	文学创作	上海市作家协会会员
孙慎	男	1916	小港浦口	作曲、音乐评论	中国音乐家协会常务副主席，曾任人民音乐出版社总编辑，社长
邵克萍	男	1916	城关	版画	中国美术家协会会员，作品曾获国家级和省、市级奖多次

图 15 《镇海县志》中对于沙大风的记述

(三)找到档案

2019 年 8 月 3 日,本着不放弃一丝一毫线索的态度,我来到了宁波市天一阁博物馆,想查看是否存有沙氏的家谱,遗憾的是并没有收获。天一阁原是享誉全国的私家藏书楼,藏有大量方志类文献,现在作为博物馆对公众开放。天一阁的工作人员提醒我,要了解沙家的迁徙情况和居住地域,这样查家谱和找后人会更加精准。这个小小经验也让我认识到,从事一项研究,进行一次访谈,寻访一份资料,都要尽量找到正确方向和关键人物,才能使寻访调查事半功倍。

当天下午 3 点,我们乘坐动车来到杭州。晚上 9 点多王振良老师恰好联系我,知道我已到杭州后就放下了电话。过了约半小时又电话通知我,已经联系好了原华丰造纸厂的员工陈耀群先生,陈先生会带着我去寻找沙大风在华丰的原始档案。

巧合和幸运有时是真实存在的,联系上陈耀群先生就是如此。原来王老师知道我到达杭州后,担心贸然闯到华丰造纸厂会吃闭门羹,就想帮我一下。但是他在杭州也没有特别熟识的朋友,就忽然想到无锡的陈天水先生。陈先生的父亲叫陈诵洛,民国时期出任过天津县长。王老师主持召开过关于陈诵洛的学术研讨会,在他主编的《问津文库》里还收录过《陈诵洛年谱》,因此与陈天水先生有着比较深的交情。王老师之所以想到身在无锡的陈天水先生,是因为陈先生原来从事印刷行业,肯定对纸张有着大量的需求,因此猜想他或许与华丰造纸厂打过交道。王老师联系上陈天水先生后,得知陈先生并不熟悉华丰,就颇为失望地撂下了电话。但是十几分钟之后,王老师又接到陈天水先生的电话,说他的外甥陈耀群住在杭州,可以联系一下,或许能够帮忙。由于历史的原因,陈天水先生是最近几年才与外甥恢复联系的,对陈耀群先生的工作情况并不熟悉。王老师与陈耀群先生直接沟通后,发现陈耀群先生原来的工作单位竟然就是华丰造纸厂,而且就在具体掌管档案的人事科。后来的事就很顺利了!

2019年8月4日,我全天进行资料整理工作。8月5日上午9点半,与陈耀群先生碰面后,他带着我们去探访了华丰造纸厂原址——杭州市拱墅区和睦路555号。华丰造纸厂曾为中国民族造纸业的领军企业,厂区正对面一百米左右便是运河。陈先生告诉我,当时华丰造的纸出厂后,便由这条运河上的船运往各地,也就是说,华丰早期生产的纸张都是靠航运运输,后来公路交通发达了才走陆运。华丰的厂区很大,路上我看到大部分地方都在施工之中,一些造纸厂的老建筑已被拆除,现在保存完好的只有主楼和一些生产车间。陈先生告诉我,如果我再晚来几个月,说不定这些有标志性的建筑也都被拆除了,于是我深感自己的幸运。

厂区幸存的建筑还保存着20世纪八九十年代的样貌,房屋、楼道、装饰,甚至楼栋里的味道,都有着深深的年代感,就连办公室的门牌,也特别的老旧。在主办公楼三层左侧的第一间办公室里,我拍摄到了沙大风的原始档案。这件档案共有两份。一份是"工人职员劳动保险登记卡片"两张;第一张表格是沙大风的个人信息和工作经历,显示沙大风的生日为"公元 1900 年 1 月 28 日"(根据笔者后来考证此处日期实为农历);第二张表格上半部分是"供养的直系亲属与非供养的直系亲属"信息,有沙大风第二任夫人卢犀的信息,下半部分是"领取劳动保险待遇记录",记载了沙大风在华丰造纸厂领取"退休养老(金)""家属救济金""丧葬补助金""生活补助费"的情况。第二份档案为"本厂死亡职工家属现状调查表",有关信息明确沙大风逝世日期是 1973 年 11 月 11 日。

拍摄完档案,我们向陈耀群先生辞谢,然后前往距离造纸厂不远的华丰社区。

华丰社区挂的牌子是"和睦街道华丰社区党群服务中心"(以下简称"社区中心"),位于华丰新村的西北角,而华丰新村则属于原华丰造纸厂,始建于 1967 年,是造纸厂三代员工和家属居住的地方。20 世纪 60 年代时,在华丰新村内几乎能够实现一切生活需求——"六七十年代,华丰厂就像个小社会,有幼儿园、学校、食堂、电影场、篮球场、宿舍。当时在杭州有这样的说法:'找工作到华丰,找对象到杭棉。'"社区居民很多都是在华丰造纸厂出生、上学、工作、结婚,这里承载着几代人的感情,沉淀着一个城市的工业记忆。现在的华丰仍是一个非常庞大的社区,旧厂的许多建筑都没有改变,甚至还能看到原来的标志,比如"华丰集体宿舍"等。

(四)觅迹华丰

找到社区中心时,正好是午休时间,工作人员还未上班,我与母亲便在附近亭子里稍作休息,偶遇了一位先生。通过这位素不相识的先生,我竟找到了沙大风的侄女沙萍奶奶。这位先生姓雷,当时雷先生看我面生,就问我来华丰做什么。我向他介绍了自己的身份和来华丰的目的,没想到雷先生听完之后,马上说他知道沙大风,稍微思忖了片刻,便为我回忆了一些细节。沙大风当时在华丰厂内比较有名,大家都知道这是一个从天津来的名人,但其余细节信息他就不清楚了。因为那时候沙大风在办公楼里工作,而雷先生还比较年轻,在工厂里做工,平时见不到办公楼的人,所以只是听说过名字。雷先生又说,他知道一位老先生,曾经在办公楼上班,这位老先生现在九十多岁,应该了解沙大风的情况。雷先生热情地带着我找到沙大风生前这位同事,老先生毕竟已是鲐背之年,口齿已不太清晰,再加上我听不太懂杭州话,造成交流的困难。不过,老先生还是为我在纸上写下了关键信息——沙萍奶奶的住址。沙萍奶奶是沙大风的侄女(老先生误记成沙大风的妹妹),已逾百岁高龄,就住在老先生家隔壁的楼上。

这时雷先生有事着急离开,我因为经验不足,时间紧张,竟然忘记询问他和老先生的全名,留下了小小的遗憾。我按捺着激动的心情谢过老先生,迅速寻找沙萍奶奶的住址。结果老先生给的地址有误,一直找不到正确的楼栋。这时已到上班时间,于是我返回华丰社区,遇到华丰社区的党委书记应玉兰女士。简单说明来意后,应书记非常热心,对我的论文选题也感兴趣。尤其令我兴奋的是,当我问及沙萍奶奶时,应书记告诉我,沙萍奶奶是她的前辈——上一届的华丰社区居委会主任。于是她先打电话到沙萍奶奶家,随后便带我拜访了沙萍奶奶。

沙奶奶当时已经102岁高寿了,在两年前丧失了语言能力,这给我的调研造成了一些困难和遗憾。随后,我们对沙奶奶的女儿张季红阿姨进行了访谈,了解了一些有用信息。张阿姨告诉我,在她的手机里有沙家的微信群,沙大风的孙子沙济工先生,也在寻找爷爷的事迹。张阿姨在沙家微信群里说明了情况,并附上了我的联系方式。

随后我又回到华丰社区,遇到几位正在活动的耄耋老人。其中88岁的江爷爷,曾在造纸厂内见过沙大风。他那时是厂保卫处的干事,但由于年代太过久远,他只能凭着脑海里琐碎、模糊的回忆,告诉我一些大概的信息。随后我参观了应玉兰书记主持布置的"华丰忆"故事屋。

"华丰忆"故事屋里陈列的都是原厂内员工、社区居民捐赠的老物件,用来展示这些物件与它们主人的故事。应玉兰书记以这样的方式来留住华丰文化,"不仅让年轻一代华丰居民了解华丰社区的历史和由来,也为老一辈华丰人提供一个回忆历史、缅怀辉煌的去处"。故事屋以时间为轴,参观后可以了解到华丰造纸厂的发展历程和企业精神。从参观中我了解到,沙大风的表兄金润庠是华丰造纸厂的重要创始人之一。金润庠,字绅友,浙江镇海人,1927年他盘进嘉兴禾丰造纸厂,改名为"民丰造纸股份有限公司";1931年又购进杭州武林造纸厂,改名为"华丰造纸股份有限公司"。1932年在金润庠的倡议下,公司组建"国产纸板联合营业所",大大提升了我国民族造纸业的实力,因在造纸业界的深远影响,金润庠也被称为"造纸大王"。沙大风结束报人生涯后,在金润庠的帮助下,于1954从上海来杭州,在华丰造纸厂担任总务科科长,直至最后退休。华丰造纸厂是沙大风晚年的主要工作地,在这里,我还感受到一个报人对纸张的情有独钟——无论是办报还是在纸厂任职,沙大风始终与报纸维持着联系。

在走访华丰社区的过程中,我看到年纪大些的老人都会上前询问,是否知道或者见过沙大风。有的人见过,但大部分人都不清楚底细——因为沙大风在办公室工作,办公室有很多科室,而我问到的多是原工厂的工人,很少有机会接触沙大风,更不清楚他是什么职务。但见过或稍微了解沙大风的人,对他都有十分一致的印象——天津的著名报人,讲话风趣,性格爽快,还会写书法。

图 16 沙大风无数次走过的通往华丰造纸厂的必经之路

图 17 华丰造纸厂外围可看到主办公楼和正在作业的挖掘机

图 18 沙大风曾每天穿行的华丰造纸厂正门

图 19 华丰造纸厂原员工食堂

图 20 华丰造纸厂办公楼内部

图 21 华丰造纸厂办公楼内部的书库及门牌

图 22 正在拆除的华丰造纸厂厂房

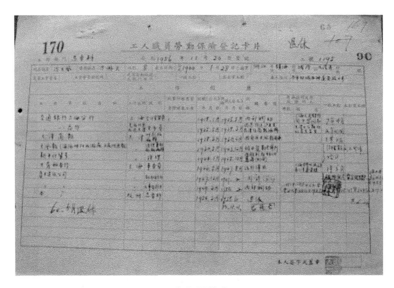

图 23 沙大风档案（一）

死亡职工家属现状调查表

169

死亡职工姓名	沙大风	性别	男	死亡日期	1973年11月11日
被赡养亲属姓名	屋厚	与死亡者关系			
现在主活来源					

直系亲属现在情况

姓名	与死者关系	现年龄	工作单位	现在详细住址
屋厚	大哥			

图 24 沙大风档案（二）

图 25 华丰社区内的华丰集体宿舍旧址

图 26 华丰记忆展厅

图 27 在华丰社区的活动中心与江义浩爷爷(左)合影

图 28 与沙大风侄女沙萍奶奶(中)及其女儿张季红(右)合影

（五）移步苏沪

2019 年 8 月 6 日,我在杭州整理资料,并探访了沙大风晚年的居住地——杭州环城西路遂安路 10 号。遂安路 10 号与著名的西湖只有一街之隔,遗憾的是这间房屋已被拆除,目前留下的只有临近的遂安路 3 号和 6 号门牌。我根据房屋的排列规律和当地居民的指认,大致确定了遂安路 10 号的位置。这里现在已经被一栋高楼替代。虽然无法得知当时房屋的具体样子,但附近便是书法大家沙孟海的旧居,据居民介绍院落设置应当相差不大。沙孟海旧居是这一带比较典型的江南风格的庭院,周围风景优美,很适宜居住。晚年的沙大风,虽然受到了政治运动的些微冲击,但总的来说生活还算安逸。下午 5 点左右,我与母亲乘坐高铁去往江苏省苏州市。

2019 年 8 月 7 日,在苏州。晚上 7 点半左右,沙济工先生——沙大风长子沙临川之子通过电话联系到我。又一个巧合发生了,沙先生就住在离苏州不远的昆山市,转天正好要来苏州办事。他对我的研究十分感兴趣,于是我们约定了第二天见面的时间和地点。

2019 年 8 月 8 日,上午 10 点半,我与母亲来到苏州工业园区的一家咖啡店,对等候在这里的沙济工先生做了短暂访谈。沙先生说,他知道自己的爷爷很有名,但很多信息都中断了。前两天从家庭微信群中得知我在研究沙大风,他也感到很兴奋,想从我这里了解一些信息。由于沙先生要参加重要会议,我们只进行了半个小时的交谈。最后,沙先生希望与我继续保持联系,也期待看到我的论文成果,从中了解沙大风的经历和贡献。因为见面匆忙,笔者忘记与沙先生合影,这是此次寻访调查的又一个遗憾。后来我又

图 29 遂安路 6 号 (已被改造)

联系了沙济工先生,期望有机会补拍一帧合影,沙先生也答应我,
会在整理选择后,为我提供一些沙氏家族的照片。

2019 年 8 月 9 日,前往上海。下午 1 点左右,我来到位于徐汇
区的襄阳南路 100 弄 15 号。这栋楼是沙大风离开天津到上海与家
人居住的地方,当时他在上海大有船务行工作。进入小区之后,我

图 30 沙大风旧居遂安路 10 号的大致位置

发现这里都是三层小洋楼，一共有六排，每排有三户，沙大风所住原址在 15 号，只是现在这栋房子早已经卖了出去。小区闹中取静，与后面的高楼形成鲜明对比。小区的地理位置很好，属于上海的核心区域，不远处就是襄阳公园，还有上海的著名购物中心巴黎春天，可见沙大风在上海时家境仍比较殷实。

212

图 31 上海沙大风旧居

图 32 上海沙大风旧居门前的巷道

（六）简短总结

本次寻访调查结束后，我知道真正的论文写作即将开始了。回到学校，我开始对新获取的资料进行梳理。我的寻访沙大风之旅，7月31日至8月3日在宁波市，8月4日至6日在杭州市，8月7日至8日在苏州市，8月9日至10日在上海市，前后历时11天，比原计划增加了苏州行程。在宁波俞亦平先生处，根据访谈内容、相关信件和资料，我基本厘清了沙大风次子沙临岳的生平；在杭州沙萍奶奶家，我与沙大风的孙子沙济工先生取得了联系，并在华丰造纸厂获得了沙大风的原始档案，还找到了沙大风在杭州的居住地；在苏州与沙济工先生的见面，使我了解了沙大风长子沙临川更丰富的生平，掌握了沙家的世系传承。本次旅程我不但找到沙大风的档案，与其亲属和后人取得联系，还拍摄了寻访照片500余张，录制了相关访谈视频和录音，掌握了非常多的新资料和新线索，为我的论文写作提供了珍贵的资料。

俞亦平先生尤其不遗余力地帮助我，他恳请镇海区摄影家协会主席李浙东先生，发来沙大风祖居所在地九弯弄的6张老照片，其中2张竟然出现了沙大风的出生地——沙家大屋及其江南建筑风格的马头墙，十分珍贵。俞先生还将这些照片拿去请曾与沙家住同一个弄堂的方明列先生进行了辨认。

通过我的寻访之旅，也完善了沙大风的人生之旅，虽然留有一些遗憾，但是整个寻访调查过程中诸多人士对我的帮助、支持和鼓励，让我在感激铭记的同时，也坚定了写出高质量学位论文的决心。

2020年5月15日于兰州

图 33 方明列先生在辨认照片

图 34 李浙东先生

图 35 镇海区九弯弄 17 号原医药公司仓库

来源:李浙东 1998 年摄

图 36 镇海区九弯弄居民在习武健身

来源:李浙东 1998 年摄

图 37 沙大风出生地镇海区九弯弄 12 号原沙家大屋

来源:李浙东 1998 年摄

图 38 俞亦平先生与九弯弄老照片

四、人物访谈

(一)俞亦平访谈

俞亦平,宁波市镇海区人,地方文化研究者,常在宁波各报发表文章。2013年9月4日他在《今日镇海》刊出的《一对表兄弟 南北两报人——记报界闻人金臻庠、沙厚烈》一文,成为笔者一系列研究追寻的线索。他是沙大风次子沙临岳生前好友,与沙临岳常有书信往来。

访谈时间:2019年7月31日

访谈地点:浙江省宁波市镇海区

王:俞先生您好! 因为看到您写的文章《一对表兄弟 南北两报人》,想跟您了解一些您所知道的信息。

俞:我脑子里想,全国找不到第二个(研究沙大风的人),结果他去世已经这么多年了,他办报(到现在)将近九十年了,你也是机缘巧合,你刚好在天津读书,沙大风刚好在天津是顶峰中(状态),找到这么个(研究)机会。

王:是的,也是有一定的缘分。

俞:沙大风的老宅在一个弄堂里,现在房子拆掉了。本来我联系到宁波知名地方文化研究人物,(想让他)跟你介绍一下,很厉害的这个人,但他这两天刚好没有空儿。沙大风的大儿子(沙临川)是1948年去台湾的,我与他的二儿子沙临岳有联系。

王:请您大致介绍一下与沙临岳的关系?

俞:沙大风的第二个儿子跟我相识了二十年,沙临岳。沙大风的大儿子1948年是台湾省基隆市日本资产清理部部长,他的阿嫂(章玄士女士)是台湾省省政府的会计出纳,他弟弟(沙临岳)1948年北京高中毕业后,去台湾读书。读了一年,兄弟两人为了一点小事吵架,他弟弟从台湾回到上海,在上海读书。解放以后,台湾来的人受政策影响,都去劳动改造农场劳动,改革开放以后才得到平反,回到镇海。我那时候刚刚学习摄影,经常在公园里的摄影服务部拍照,在这里遇到一个男的,是他推荐我说,你这么喜欢写东西,我给你推荐一下,他(整理者注:指沙临岳)身上有很多故事。我就是这样(经人介绍)跟他认识的。认识了以后,前面十几年接触得比较多,后来几年因为他定居到上海了——他在上海有套小洋楼,上海警察(整理者注:指公安部门)还给他了,他在镇海不住了,就去上海了——去了没几年,小洋房被他给卖掉了。卖掉以后,在宁波乡下买了一套农民造的小别墅,住在里面了。我也想去上海看(那幢)小洋房,我写文章也是想弄到这个资料。再一个,沙大风在上海博物馆有一张照片,说明是个名人。他是天津知名报人,也是宁波人。说到宁波,宁波帮主要是政要、经商(的人),再就是文化名人。宁波也是全国有名的院士之乡,电影、音乐(也有名)……你要去宁波帮博物馆参观一下,(这样的研究)是理性到感性的。沙大风属于文化名人,他是天津知名报人啊,他也是宁波帮的文人,因为宁波对宁波帮很重视,宁波帮的地位也很高,包玉刚出资建起来的。我家里有张照片,那张照片(报纸)文章里也登出来过,他与金少山,戴着墨镜。金少山、王瑶卿都提到过他。他(整理者注:指王瑶卿)是为慈禧太后演戏曲,是宫廷名人,是四大名旦的老师,地位相当高,四大名旦中有两个人奉他为师,沙大风当过他的私人秘书。

王:当私人秘书是沙大风在天津的时候吗？

俞:是在北京的时候。沙大风跟张学良也有交情,李征五也是镇海人,和沙大风是老乡,关系比较密切。李到北京去,沙大风为他接风,说明他的确结交很广。1950年他再婚,在上海办酒席,梅兰芳也到场了。他再婚的妻子,是我国有名的化工部副部长的胞妹。这也说明,沙大风这个人的确很好,人缘也很好,不然人家副部长的胞妹怎么会嫁给他呢？而且严独鹤是证婚人,梅兰芳专门到场祝贺。当时在南京路,一些戏迷听到梅兰芳要来,就跟现在追星一样,把整个南京路围得水泄不通,他住上海市襄阳南路100弄15号。

王:这个是他在上海的旧宅吧？

俞:三层楼,给他的儿子了,因为他过世了,房子给了次子沙临岳,但沙临岳给卖掉了。不过房子还在,如果你(这次)路过上海的话,可以去老房子拍张照片。

王:好的,我会去拍照的。

俞:再就是沙大风晚年的时候在华丰造纸厂,这是他表哥(金润庠创建的)。第二个(表哥)是金臻痒,他在宁波办报,他(整理者注:指沙大风)在天津办报。他们俩是表兄弟,所以"一对表兄弟,南北两报人"就是这么来的。他(整理者注:指沙大风)落魄了去找他表哥,他表哥是(华丰造纸厂)的老板,他就到那里上班了,晚年就在那里上班。

王:华丰应该还有沙大风的档案吧？

俞:我估计拆迁后已经没有了。

王:是的,我查到的信息,华丰大部分厂房已经被拆除了。

俞:对。我现在想起来有点遗憾,有些东西失去了才觉得它的珍贵,他(整理者注:指沙临岳)对他爸爸说得比较多,对沙大风说得比较多,其他东西说得少了,这个是最遗憾的——应该把他的生母,就是(沙大风)第一位夫人,也是个报人,这个没有记录下来。

王:他第一位夫人叫什么您知道吗?

俞:不知道呀,没有问他嘛。(沙大风)从天津离开后,在上海八仙桥(投资)有一个商店,虽然他说在朋友家也可以吃三年,但文人其实拉不下脸,不可能去(找朋友)吃的,就把商店的股本给"吃"光了。

王:这部分确实我还不知道。那么沙大风从天津回来后,去上海的那一段时间就不太清楚了是吗?

俞:对! 这是他儿子给我的信中写的,他给我写了十几封信,还有一些文章,你去我家可以拍下来。

王:好的,谢谢俞先生! 您喝口水。那可以介绍下您的信息吗?

俞:我是单位的汽车司机,是工人,文化不高,只读了两年初中,后来就参加工作去了。再后来当兵,当兵是汽车兵,回来就分配成了汽车司机。就在这个期间,我的业余时间写稿、采访、交朋友等。我交到四位朋友,其中一位就是沙大风的儿子(沙临岳)。我就通过各种机缘,与这四位在报纸上都留下些文字,都有(文章)发表。

王:您还了解沙大风的其他一些情况吗?

俞:沙大风的爷爷靠倒卖猪肉为生,一百块钱买来,一百二十元卖出去,赚二十块钱。这样一来一去钱多了,就可供他的儿子,也就是沙大风的父亲读书。(沙大风的父亲)成了经济学家,银行家,这样子经济好了,他的儿子(整理者注:指沙大风)也就去读书了。(沙大风)读书后到上海,完了又到天津,先到北京,他因为有文化,王瑶卿聘他为私人秘书,这样子一聘任就不一样了——没文化的人跟农民接触,王瑶卿则是宫殿里的名角,慈禧太后要看戏就叫王瑶卿去演戏,他接触的人就广了,沙大风给他做秘书,就像你跟你的导师,导师去哪你也跟着去哪,他给你介绍人认识后,再通过自己跟他继续接触。他(整理者注:指沙大风)也是这样。爱屋及乌,他跟了王瑶卿走,京剧名家接触多了,他跟梅兰芳啊,尚小云啊,程砚秋啊,他都认识了。他本来名气不是很大,发表文章后名气才更大,这样子就良性循环了。后来他想,我自己可以办一个报纸,结果得到天津的一个老板和荀慧生(帮助)——荀慧生说你要办报啊,钱我来——两个人出资,报纸就办起来了。办起来后,他自己有报纸了,就不要听人家的了,我想发表什么就发表什么,这样子又良性循环。他(的名气)不是凭空出来的。

王:好的,我了解了!十分感谢俞先生百忙之中抽空来见我,我会将您提供的信息补充到我的论文里,再次感谢!

(二)张季红访谈

张季红,沙大风侄女沙萍奶奶的女儿,已退休,住华丰社区照顾母亲。

访谈时间:2019 年 8 月 5 日
访谈地点:浙江省杭州市拱墅区和睦街道华丰社区

王:请问张阿姨,沙奶奶现在的情况怎么样?

张:她现在记忆不是很好了,话不多!原来记忆力很好的,以前(的事儿)都记得的。前几年还弹琴、看报。

王:那您了解有关沙大风的信息吗?听说沙萍奶奶是沙大风

先生的妹妹。

张:沙大风不是我舅舅,我们和沙大风是镇海蛟龙那边儿的,沙大风是沙萍的叔叔,是我外公的弟弟。我外公是老大,他是老三。我记得他有一个儿子在台湾,现在也不在了(去世了)。

王:沙大风的直系后人有吗?

张:他有孙子,我们老沙家有一个(微信)群,他的孙子建的,有五十多个人。

王:太好了,可否请您帮我联系一下?

张:他这个孙子在江苏工作吧,他也不是很了解,他老想找爷爷的墓地,南山公墓都找了!他爸爸是老大,还有个小的,在宁波镇海,一个叫沙临岳,一个叫……有七个儿子一个女儿,其中有一个总是来杭州打听,但是(没消息)。我打个电话问问看,我这个表弟可能还知道点,他也很想知道他爷爷的消息,叫沙济工。(他们)都是济字辈,我们是外孙。镇海蛟龙沙家,我们张家、沙家、金家,三家都有(亲戚)关系。我们自己做了三家门的家谱,以沙家为主,包括金润庠的母亲,也姓沙。

应玉兰[插话]:现在要做史料佐证是很辛苦的,我的展厅就花了很久的时间。早几年的话,沙奶奶还能说话,早几年记忆力还好一点儿。你(论文)做好了,可以互相充实一下。

王:是的,沙大风不仅在报界,在戏剧界、通俗小说界都有影响力,他曾挖掘出刘云若和还珠楼主两位著名通俗小说家,所以对他的研究是很有必要的。我通过各种文献资料把他挖掘出来,想丰富一下年表。

张:是的,他和梅兰芳也有联系的。我现在就跟他们联系!

王:或者我把联系方式留下来,如果有消息请跟我联系,最好有家谱的信息。

张:好的!家谱量太大,我没有收藏,资料在电脑里。沙济工会联系我,然后等联系到他,我会告诉他你的信息。

王:好的,麻烦您了!有事我还会联系您!

张:好的,没问题,只是可能帮不到忙。

王:已经很麻烦了,真的十分感谢!

按:因怕过多打扰沙萍奶奶休息,而沙家微信群中还没有回复,于是我决定先离开,等待张阿姨联系好后给我消息。另张季红阿姨帮我联系到沙大风长兄沙厚礼的小女儿沙万华,但她了解的信息也十分有限。

(三)沙济工访谈

沙济工,沙大风之孙。妻子庄文英,有二子沙正玮、沙正杨。沙大风长子沙临川育有七子一女,长子沙济中,次子沙济华,三子沙济民,四子沙济国,长女沙仓,五子沙济理,六子沙济工,七子沙济量。

访谈时间:2019 年 8 月 8 日
访谈地点:江苏省苏州市吴中区某咖啡店

王:沙先生您好,之前已经向您介绍过大概情况,我认为沙大风是有研究价值的,可以介绍一下您所知道的沙大风情况吗?

沙:我也认为他是值得研究的。我本人没有见过他,我也在研究他,天津我去过好几次,他的报社在日本(租界)什么街附近,但是我找不到。他的报纸我也没有。

王:报纸现在有电子版,我可以发给您。我现在只是作了一份开题报告,只是一个初步的研究。我认为这个选题十分有价值,因为沙大风的《天风报》，在天津是一份有影响力的报纸，而且沙大风本人在戏剧界也有贡献，比如他提出了"四大名旦"和"冬皇"这些流行说法，《天风报》还挖掘出刘云若和还珠楼主两位小说家。他的史料确实比较少，根据我查到的文献资料，学界的一些描述还有点错误的，后期我会做勘误或补正。

沙：今天是个开始嘛！你有什么问题可以尽快问我，因为我今天时间有限。然后我们有微信，随时都可以联系。

王：好的！沙先生，我想了解你所掌握的沙大风先生的信息，还有家谱。

沙：有，我有家谱。其实沙大风本名不叫沙大风，叫沙厚烈。我刚好是在沙家群，但是他们我都不认识，因为我原来住台湾，但我已在苏州待十年了。他好像是在一个造纸的地方，但是他埋在哪里我不太知道。非常好啊，你能做这个研究。

王：我会努力写好这篇论文的。我前两天在杭州华丰造纸厂找到了沙大风先生的侄女沙萍，了解到一些信息。您还有更多相关的信息吗？

沙：华丰好像是我们的一个亲戚开的。资料我也尽量收集，目前我知道的很少，比你还要少！我们家有八个小孩，我是老七，只有我在大陆，其他人都在别的地方。我一直在寻根，我是家里面唯一（在找这个根的）。他当时为"四大名旦"做了很大的一件事，因为"四大名旦"本来各自为政，是他把这四个人联合在一起，才开始叫"四大名旦"。我爷爷有两个小孩，一个叫沙临岳，一个叫沙临川，因为他跟我的祖母分开了还是怎么样，沙临岳一直在宁波镇海，而我爸爸（沙临川）跟着他到天津去，念的是北平辅仁大学——现在已经不存在了，好像迁到台湾去了——念完书之后，我们家是

1946 年就去台湾了。

王：沙先生后来再婚了。

沙：对，他跟一个福建的法官吧，她是律师还是法官来的。

王：您知道祖母的名字吗？

沙：这个我不知道。

王：那您所了解的沙临岳先生的情况呢？

沙：沙临岳我见过，我一直在跟他联系。他没有孩子。他1947年去台湾探亲，去念了台湾大学，那个时候和胡适有一点儿接触，胡适是台湾大学的校长。念了一年之后，他不是很喜欢台湾，就回大陆了，1948 年还是1949 年。回去后就严重了，他成了反动分子，被关还是被劳改了快三十年，出来后一直没有结婚。他很喜欢音乐，是个艺术家，喜欢玩音乐！因为年纪大了，七八十岁想结婚，但一直没有。后来我们在上海有个老宅，给要回来了，他说没钱，就卖掉了，三四个月以后他就结婚了，也没跟我讲。跟个四十多岁的女人结婚了吧，然后三个月就走了。我知道旧宅的位置是襄阳路100 号，以前襄阳市场的门口。

王：不知道您是否知道沙大风20 岁之前，和他离开天津以后的人生经历。

沙：我所读到的资料是，他21 岁还是22 岁就当社长……这些方面还真没有资料，我也很想知道……华丰估计可以打听到一些。我在台湾倒是有一些资料，可以告诉你，这是我母亲的一个回忆录，这次我忘记带过来了。家谱我可以给你的，找一下发给你。

王：您家里面还有沙先生的一些物件吗？比如信件。

沙：可能我父亲有。我父亲后来移民到澳大利亚，他就过世在那边儿，所以很多东西都没有带来。我曾经问过我的亲戚，但都不知道。我看你是甘肃人……其实我怀疑沙姓是回族,很可能是的,因为我的叔叔告诉过我。我们已经有了微信,以后有什么事就微信联系,谢谢你们!

王:应该的,谢谢沙先生!有机会也请您来甘肃玩儿。

答:好的,有机会我一定去。其实我觉得叔叔走的很可惜,当时他结婚才三个月,可能不敢跟我讲——我是唯一跟他联系的——是别人跟我讲的。我甚至还跑到医院去调查他的死因,是心肌梗塞。我有他的那个老婆的电话,但打不通了。我母亲是绍兴人,在台湾长大的,我父亲(沙临川)是老师,是移民去的澳大利亚,也很喜欢写文章,就这个个性。因为你是研究我爷爷的,如果研究我父亲就给你多讲一些了。我们家也很精彩,我父亲有八个小孩,也不好养,但都受过高等教育。那个年代怎么养?所以我觉得我父亲很厉害,我相信我爷爷更厉害。那我们就保持联系吧,反正名片、电话、微信都有。

王:好的,谢谢沙先生。

沙:我觉得我(长得)也有点儿像我爷爷,我是一直都戴眼镜。那我们就保持联系。谢谢你们!

王:不客气,也谢谢沙先生!

沙济工先生
来源:沙济工提供

沙大风长子沙临川与其妻子章家珍

来源：沙济工提供

沙临川的孩子们（左起）：沙济中、沙济华、沙济民、沙济国、沙仑、

沙济理、沙济工、沙济量

来源：沙济工提供

230

后 记

　　笔者本科就读于天津商业大学商学院会计学系,因为热爱编辑和出版,选择了跨专业考研,本来怀揣着忐忑和期待之心,没想到这个选择改变了我的一生。毕业两年后,因为机缘巧合,我再次来到天津,成为天津师范大学的研究生。在美丽的天师校园,我不仅认识了新闻传播学院众多博学多闻的老师,还结识了32个"志同道合"的学友。更重要的是,我在这里增长了见识,提升了学力,获得了不菲的收获,所有这些,都远远超过了我的期待。两年的学习时光,我是满足的,亦是感恩的。

　　习近平总书记说:"青春由磨砺而出彩,人生因奋斗而升华。"我深深相信并努力践行着这句话的内涵。在读研的两年时间里,我不断提升自己的能力:在课堂上认真听讲,仔细做课堂笔记,认真完成每一份课程论文,在保证自己学习成绩的同时积极参与学院和班级的学生工作。作为班长,我认真对待每一位同学,成为辅导员、任课老师、同学们之间沟通、交流的桥梁;作为学院研会副主席,我负责并组织了学院的一些活动……付出总有收获:我记满了满满两大本的课堂笔记,上课时老师与同学们的思维碰撞和学术

231

问题的研讨都让我受益匪浅,也连续两年获得学业奖学金。此外,我与班级同学们的交流十分密切,大家支持并信任我的学生工作,这使我不仅获得了学院优秀班干部的荣誉,也得到了同学们的一致认可。在师大两年的学习时间里,我极大地提升了自己的学习能力、沟通能力和组织协调能力,也学会换位思考解决问题。而更重要的是,作为一名新闻传播专业的研究生,我提升了自己的思辨能力,不再轻易否定自己,不再人云亦云,做事先有自己的判断,先去思辨,先去质疑,然后再理性地作出选择。拥有不盲从,可以独立思考的能力,我相信这是我一生的珍贵财富,而在成长道路上,不负韶华,努力奋斗,将是我一生的座右铭。

这本书是以我的硕士论文为基础修改而成的,如同我亲手创作的一件艺术品。读研这两年,我记得资料搜集时的夜以继日,记得埋首写作时的废寝忘食,记得调研寻迹的旅途甘苦和每个热心人的帮助,也记得无数个夜深人静时键盘和鼠标的点击声,记得偶然发现新材料时激动的心跳声,记得找不到写作思路茫无头绪的烦躁心情……一遍遍地打磨和改写,一次次地推翻又重新厘清脉络,一字一句都是我在学术道路上成长的见证。本书的最终呈现,是一个学生读研期间所学所得凝聚的精华,我希望能够通过自己的具体行动,上交一份让关心我的人满意的答卷。

首先我最要感谢的人是我的父母,是他们的支持和鼓励,从小对我读书为本的教育,让我在读书道路上没有后顾之忧,真正明白了"世间数百年旧家无非积德,天下第一件好事还是读书"的意义。从确定选题之后,我的导师王振良就不遗余力地帮助我,论文前期给予了我足够的教诲和指导,论文写作时给予了我最大的鼓励和信任,这是我永远感谢并铭记在心的。我还要感谢在这条路上帮助过我的人们（按时间顺序）：为我提供重要基础资料的天津市档案馆的周利成老师，为我提供《天风画报》原件的天津市历史风貌建筑保护办公室的李琦琳老师，为我提出宝贵修改意见和提升意见的苏州大学胡明宇老师和上海大学的石娟老师，沙大风的次子沙临岳的好朋友俞亦平先生，宁波帮博物馆副馆长李忠学先生和宁波帮博物馆档案处的陈茹女士，帮我找到沙大风档案资料的杭州华丰造纸厂干部陈耀群先生，接受我的访谈并提供各种信息的杭州华丰社区党委书记应玉兰女士、沙大风的侄女沙萍奶奶、沙萍奶奶的女儿张季红女士、沙厚礼的小女儿沙万华女士、原华丰造纸厂员工江义浩爷爷、沙大风的孙子沙济工先生，还有为我提供照片的宁波市镇海区摄影家协会主席李浙东先生、曾与沙大风同住一个弄堂的方明列先生，还有在论文开题、中期和最终答辩时期，为我提出中肯建议的新闻传播学院论文答辩小组的陈立强老师、刘文兆老师、朱志红老师和顾瑞雪老师，以及对我给予肯定的天津今晚报社的鲍国之老师和刘强老师……有太多太多人，让我在完成这本书的道路上排除万难，是他们的帮助、支持和鼓励，让我内心充满感激的同时更加充满了力量。这使我的研究水平和学术能力不断提升，也更加坚定要将这本书打磨精彩。而我也深深地明白，一本书的完成，不仅仅只有作者的功劳，背后还有很多人默默无闻地奉献和付出，这些都是我要牢牢铭记在心的。此外，还要感谢我的三位室友——郭晔楠、谢娇阳、牛伟伦，相见恨晚的缘分，让我们不仅在学习上，而且在生活上，总能够互相支持和鼓励，相信这份友谊会伴随我的终生。研究永无止境，论文还有不足，我会不断提升自己的能力，也会继续关注沙大风和《天风报》，还有天津小报等研究领域。

通过这本书的写作,我才发现在天津前后生活了六年,却从来没有好好地打量过这个城市。因为要研究沙大风,我查阅了很多相关文献,翻阅了与沙大风有关的报纸,这才从字里行间了解到一些天津名人,如刘云若、李寿民、方地山、王伯龙等;了解到民国时期的天津历史和建筑,了解到天津的地方文化史。天风报社址最初设在日租界福岛街(今多伦道),又迁至法租界华中路36号,后来迁至特三区二经路,最后又迁回日租界。对于沙大风在天津生活过的痕迹虽然已无处可寻,但为了了解相关的历史文化,2019年11月2日,在导师的带领和学弟学妹的陪同下,我重访了天风报馆旧址法租界华中路36号(可惜现已不存在),还历史再现般地找到了沙大风当年活动过的很多地点,如法国公园、大华饭店、中国大戏院等。如今在我的眼中,天津这座城市不仅有十分厚重的历史沉淀,还掺入了我的感情。

论文全部完成,我的学习生涯也随之结束,但我知道,研究与思考永远不会停止。本书的修订出版就是一个证明。我与沙大风是有缘分的,好像冥冥之中早已注定——他最早就是银行的一名会计实习员,后来逐渐转变为津门著名报人;而我则是从当初的会计系,即将转入新闻传播行业。由会计人转为传媒人,沙大风先生可算是我职业道路上的引路人。我相信,未来我会继续秉承入学时的理念:听从己心,爱你所爱,行你所行。

不忘老师们的教导和同学们的帮助,我将坚定信念而又充满力量地不断前行。

2020年5月6日初稿,2021年2月18日改定